■免責事項
この本で示してある方法や技術、指標が利益を生む、あるいは損失につながることなはい、と仮定してはなりません。過去の結果は必ずしも将来の結果を示すものではありません。この本の実例は教育的な目的でのみ用いられるものであり、売買の注文を勧めるものではありません。また投資を斡旋・推奨するものではありません。

# CONTENTS

プロローグ …………………………………………… 4

**第1章** 株、やりたい! ………………………… 21
　　　　〜口座開設から取引まで〜

**第2章** 株、やめた! ……………………………… 36
　　　　〜ファンダメンタルズ分析とチャート分析の基礎〜

**第3章** 株、復活! ………………………………… 47
　　　　〜信用取引の基礎〜

**第4章** 損切りしちゃった! …………………… 74
　　　　〜リスクマネジメント〜

**第5章** 株って、めんどくさい! ……………… 89
　　　　〜生活との両立〜

**第6章** 株ロボットで自動売買! ……………… 101
　　　　〜オートメーショントレーディング〜

**第7章** 実践! 山本有花流トレーディング ……… 125
　　　　〜変化する投資家を目指して〜

## プロローグ

ねぇ ほかにお客さんいないし

テレビの音出してもいいかしら

え？テレビ？

ちょうど友だちが出るところなの

これってテレビなんですか？ノートパソコンみたいですけど

モバイルテレビなのよ この間ちょっと株でラッキーだったから買っちゃった

へぇ すごいですね

あ ほら 見て見て 始まった

では皆さま 5年間で3千万円株で儲けた主婦投資家・山本さんです

どうぞ

プロローグ

数日後…
山本有花の家

# 山本有花流！株入門の入門

うわ 5時だって

チチ…

おっと 夜が明けちゃった

さあ 今日も1日が始まるぞ〜

では山本有花の1日をご紹介しちゃいましょう

といってもフツーの主婦の生活なんだけどね

おっとっと

## プロローグ

まずはテレビをつけるじゃない？

ピ

つけたからってソレにかじりついて見てるヒマもないわけで

顔も洗うし

ザブザブ

お湯だってわかしますよー

シュンシュン

にんじんも切ったりするのよ

ザク

マーマ

おーアユちゃん起きたか〜

お姉ちゃんは？

山本有花流！株入門の入門

## プロローグ

## プロローグ

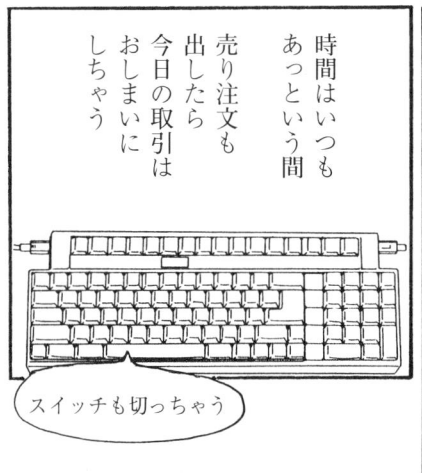

山本有花流！株入門の入門

プロローグ

いけない
急に予定が変わって
午後から午前に
なったんだ

何時?

10時半

もう
10時半よ

K社の
坂本です
おはよう
ございます

はっ
はーい

今日は新人も
一緒に連れて
きました

鈴木です
よろしく

こちらこそ

有花さん
おはよー

あら
お客さま?

# 第1章 株、やりたい！
## 口座開設から取引まで

あら まだ3時だわ

新しい仕事が入ったからかしら

目覚ましをかけずに自然に起きる私ってわれながらスゴイ

むくっ

## 第1章 株、やりたい!

で…えーと
口座を
申し込んだあと?

そうね
私は株の本を一冊だけ
まるごとしっかり
読んだわ

それから
そうそう
どこに投資するか
企業のこと考えたのよ

私の場合
結婚前に退職したあと
ちょっとの間バイト
してたんだけど

それが一部上場企業を
回る仕事だったの

きゃー
一流企業相手の
営業だわ
一流企業って
どんなとこかしら

え
そうなの!?

いやー
ウチはお金が
ないんだよ
実は

ちょっと昔の有花さん↑

# 第1章　株、やりたい！

# 第1章 株、やりたい！

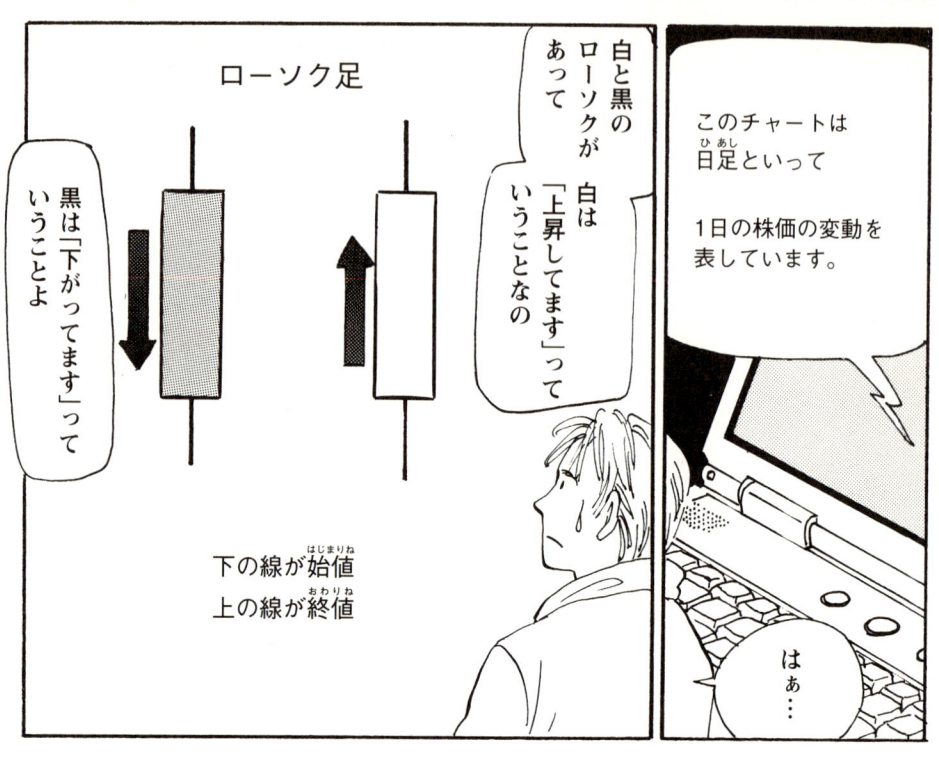

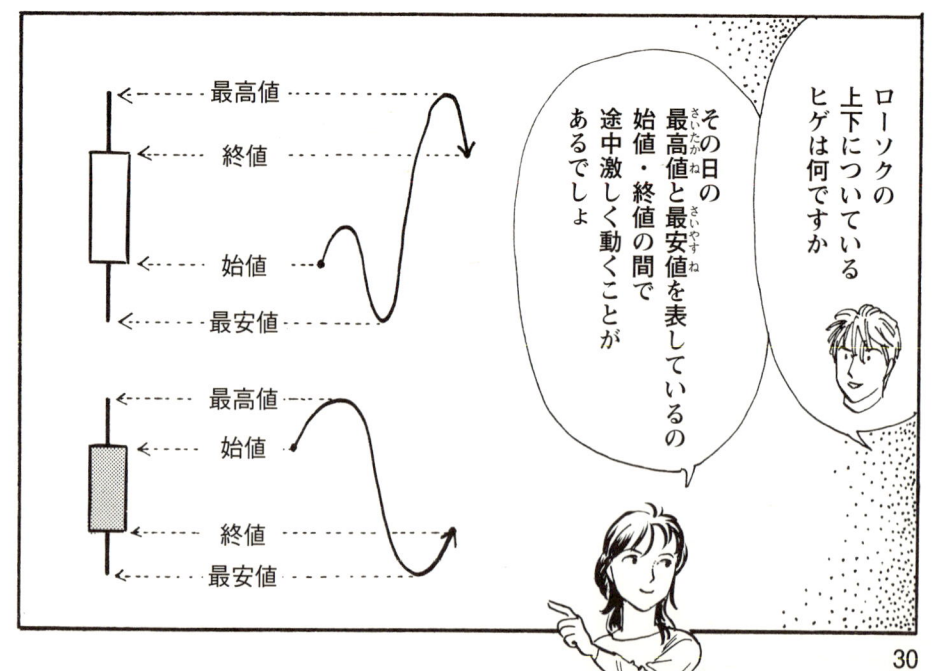

山本有花流！株入門の入門

このチャートは
日足（ひあし）といって
1日の株価の変動を表しています。

はぁ…

ローソク足

白と黒のローソクがあって 白は「上昇してます」っていうことなの

黒は「下がってます」っていうことよ

下の線が始値（はじまりね）
上の線が終値（おわりね）

ローソクの上下についているヒゲは何ですか

その日の最高値（さいたかね）と最安値（さいやすね）を表しているの 始値・終値の間で途中激しく動くことがあるでしょ

最高値
終値
始値
最安値

最高値
始値
終値
最安値

30

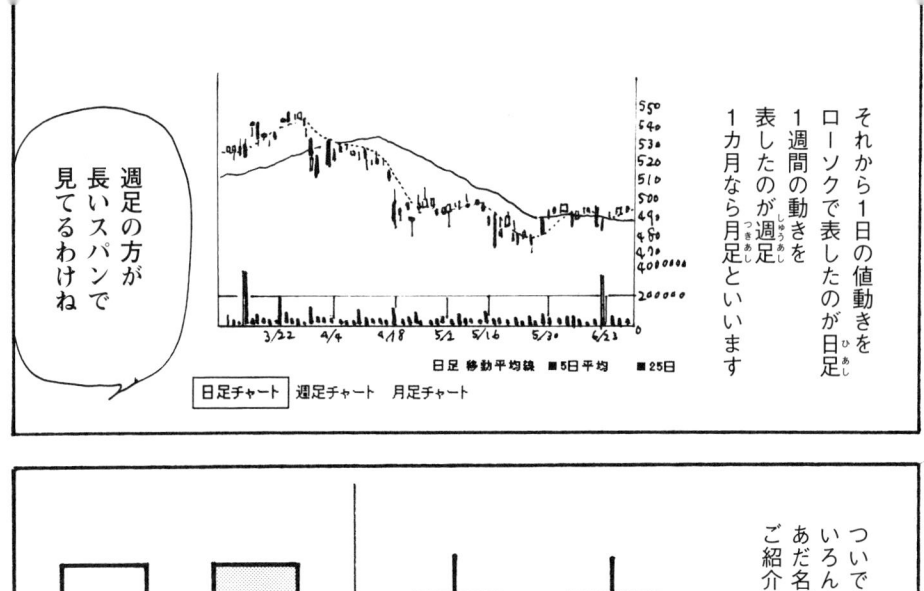

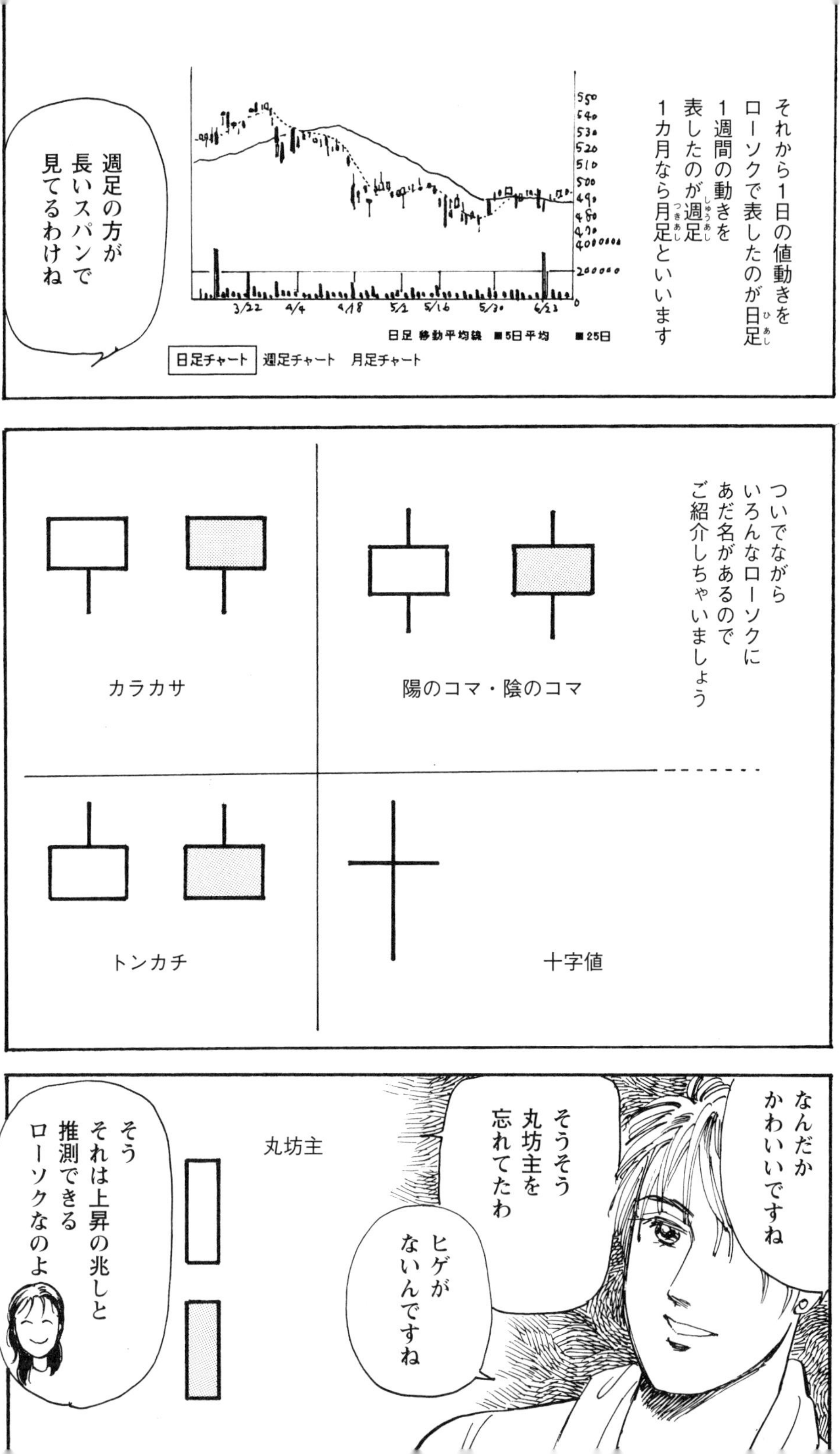

それから1日の値動きをローソクで表したのが日足 1週間の動きを表したのが週足 1カ月なら月足といいます

週足の方が長いスパンで見てるわけね

ついでながらいろんなローソクにあだ名があるのでご紹介しちゃいましょう

カラカサ

陽のコマ・陰のコマ

トンカチ

十字値

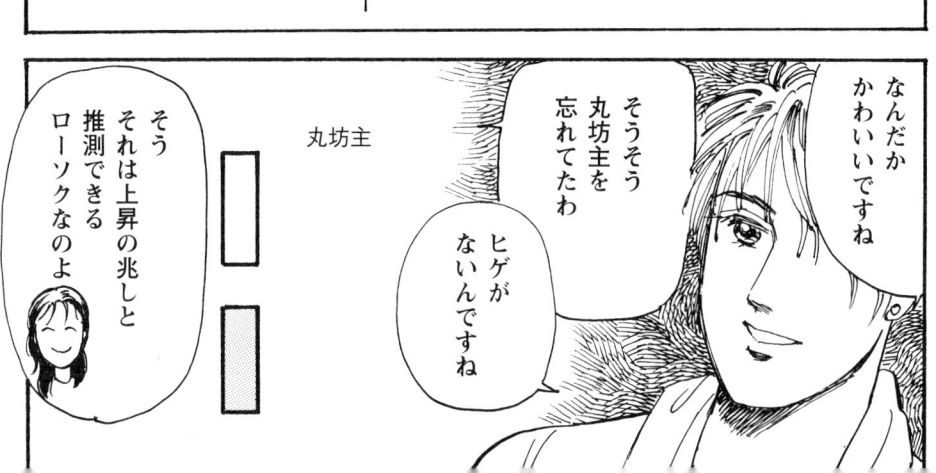

なんだかかわいいですね

そうそう丸坊主を忘れてたわ

ヒゲがないんですね

丸坊主

そう それは上昇の兆しと推測できるローソクなのよ

山本有花流！株入門の入門

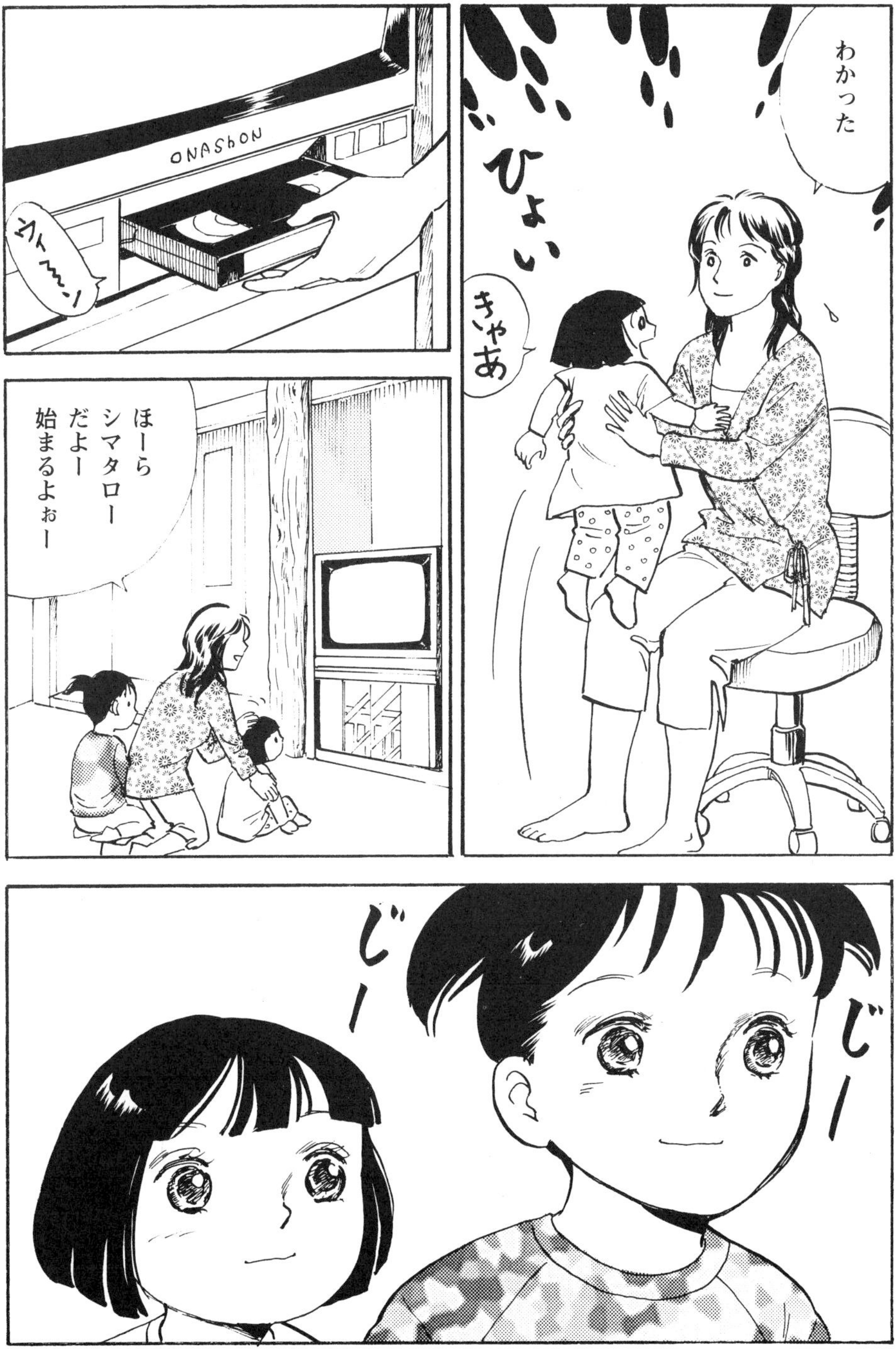

第1章 株、やりたい！

山本有花流！株入門の入門

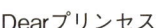

Dearプリンセス

ご指導どおりチャート見ました。
僕はメルシャンと森永に興味を持ちました。
その他にはグリコやキリンもいいかなと思いました。

ローソク足は今の僕にはちょっと
まだピンとこなくて…。

竹森さま

大丈夫ですよローソク足は
そのうち慣れます。

そんなことよりチャートでは
全体的に株が上がってるか、
下がってるかが大切です。

上がっていたら「売り」、下がっていたら「買い」。
ただそれだけなんですよ。

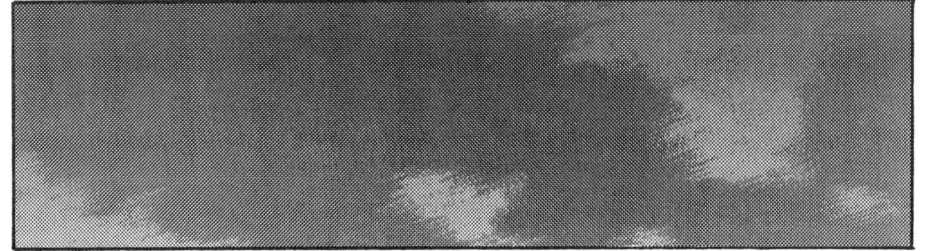

# 第2章 株、やめた!
## ファンダメンタルズ分析とチャート分析の基礎

●営業利益：その会社が本業によって得た利益

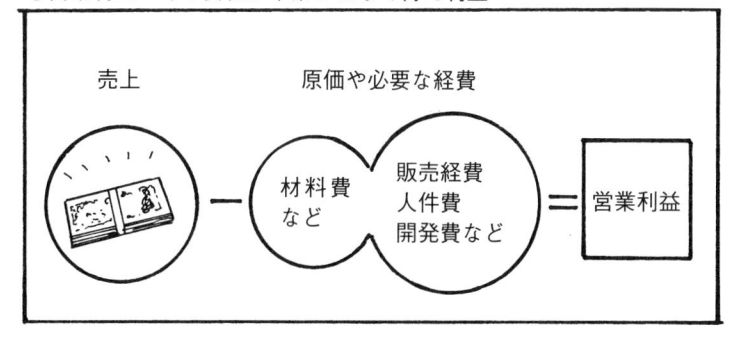

売上 − 原価や必要な経費（材料費など ＋ 販売経費 人件費 開発費など） ＝ 営業利益

損益計算書に出てくるいろいろな利益についてまず整理しましょう

●経常利益：営業利益以外の利益を営業利益に加えたもの

金融関連収支　＋　営業利益　＝　経常利益

借入金の利子
（払ったのはマイナス・利息はプラス）
会社の資産運用による配当など

●税引前利益/税引後利益：経常利益にさらにその他の特別収支を加えたもの

特別収支　＋　経営利益　＝　税引前利益

不動産売却利益（プラス）
災害などによる損（マイナス）

上記の総合利益（税引前利益）から税金を引いたものが税引後利益

●1株あたりの利益（EPS＝Earings Per Share）

税引前利益÷発行株数

んなこと言われたってー

これらの数字を競合他社と比較します

EPSから割り出されるPERで割安感がわかります

●株価収益率
（PER＝Prince Earings Ratio）

株価÷1株あたりの利益（EPS）

ますますわかんないわよ〜

だいたい最後のEPSってなんなのよ

少し勉強後の山本有花

こんなのもう余裕よ

たとえば1株あたり利益が10円で株価が500円の企業の場合

PERは
500÷10＝50倍
となるの

にっこり

よゆー

50倍ってことはこの企業は1株あたりの利益の50倍まで株価が買われているってことね

38

## 第2章 株、やめた！

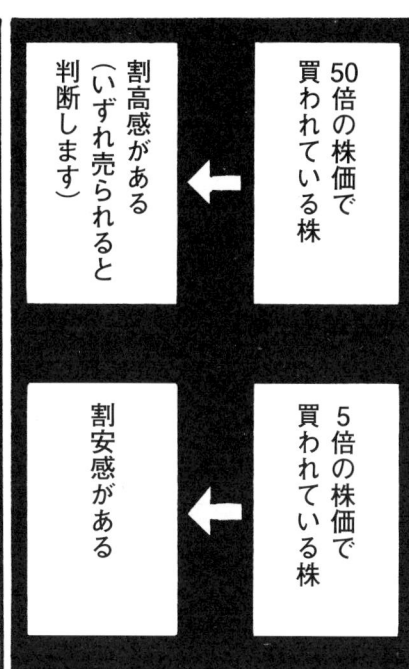

でも
割安だと思っても
実は潰れそうな会社だった
ということもあります

割高・割安の基準数値はないので
株式市場全体で
同業他社のPERと
比較する必要があります

理解できたかな？

50倍の株価で買われている株 → 割高感がある（いずれ売られると判断します）

5倍の株価で買われている株 → 割安感がある

ついでに言っちゃうと

やだー
役に立たないなんて
せっかく勉強してるのに

こんな分厚い四季報も買ったのにィ

右肩上がりの成長時代ならPERも有効だったけど

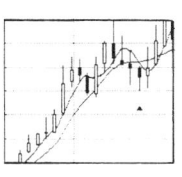

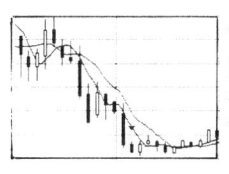

下がってきた場合にはPERは前ほど役に立たないとも言われています

パソコンで確かめてみよう
カチャカチャ
あーっ
ほんとに利益は上がっているのに株価は下がっている会社がある
ほかの会社はどう？
あっこれも下がってる！
あれ～こっちにも下がってるのがあるー
やだーやだー
勉強したことがアテにならないじゃーん!!

第２章　株、やめた！

やーめた
ファンダメンタルズ分析
なんて

しょせん
過去の
データ分析
なんだ

だけど…
歴史は
繰り返す

株は常に
上がったり
下がったりを
繰り返す

だったら
その繰り返す
ところにだけ
食いついたら
どうなる？

こうして
素人から出発した私は
次なる挑戦に
立ち上がったのでした

すっく！

『ロッキー』
なんちゃって

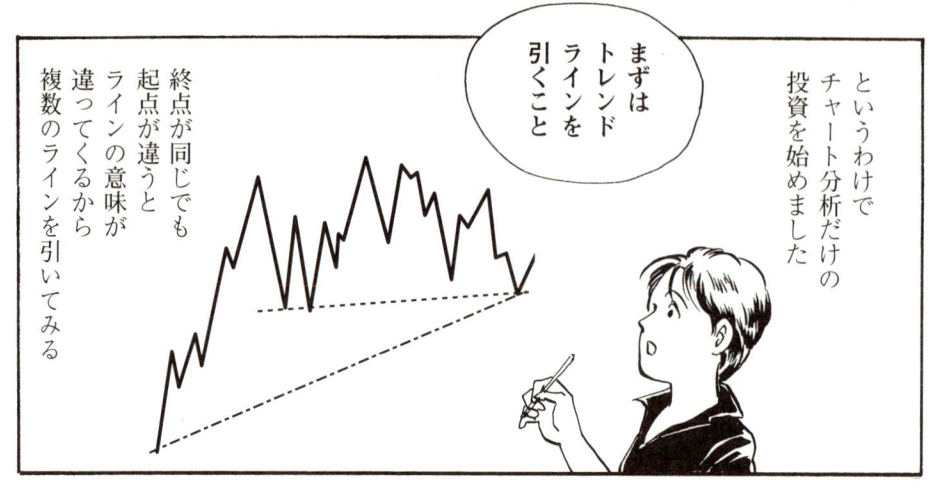

というわけでチャート分析だけの投資を始めました

まずはトレンドラインを引くこと

終点が同じでも起点が違うとラインの意味が違ってくるから複数のラインを引いてみる

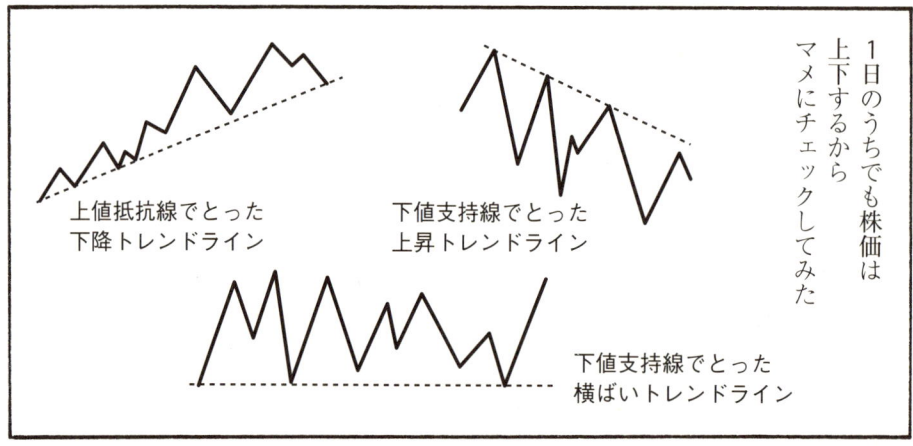

1日のうちでも株価は上下するからマメにチェックしてみた

上値抵抗線でとった
下降トレンドライン

下値支持線でとった
上昇トレンドライン

下値支持線でとった
横ばいトレンドライン

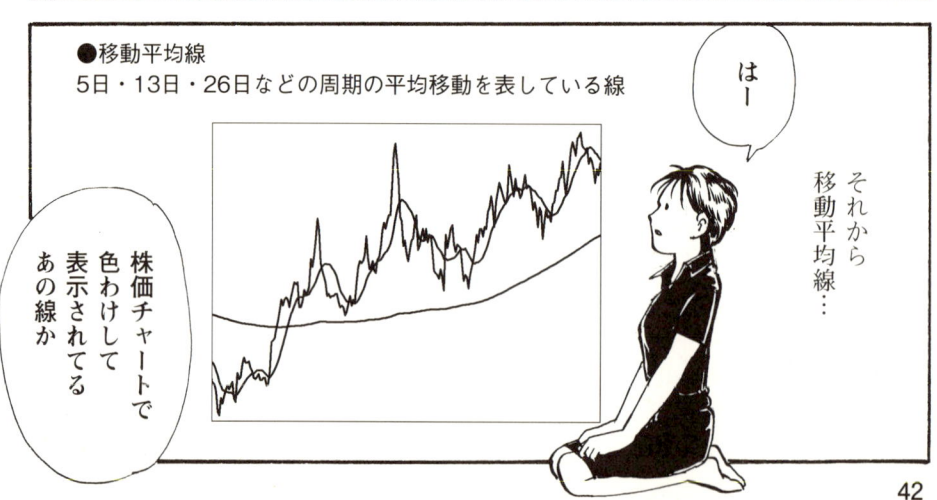

●移動平均線
5日・13日・26日などの周期の平均移動を表している線

はー

それから移動平均線…

株価チャートで色わけして表示されてるあの線か

42

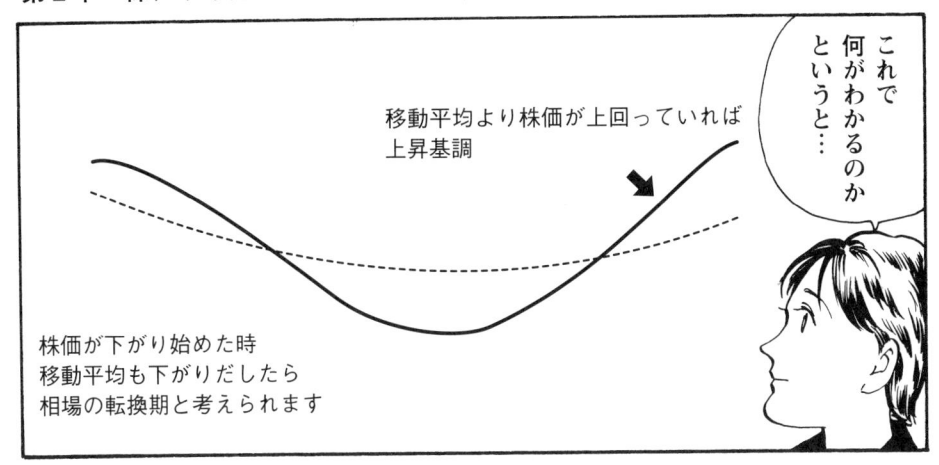

第2章 株、やめた！

これで何がわかるのかというと…

移動平均より株価が上回っていれば上昇基調

株価が下がり始めた時
移動平均も下がりだしたら
相場の転換期と考えられます

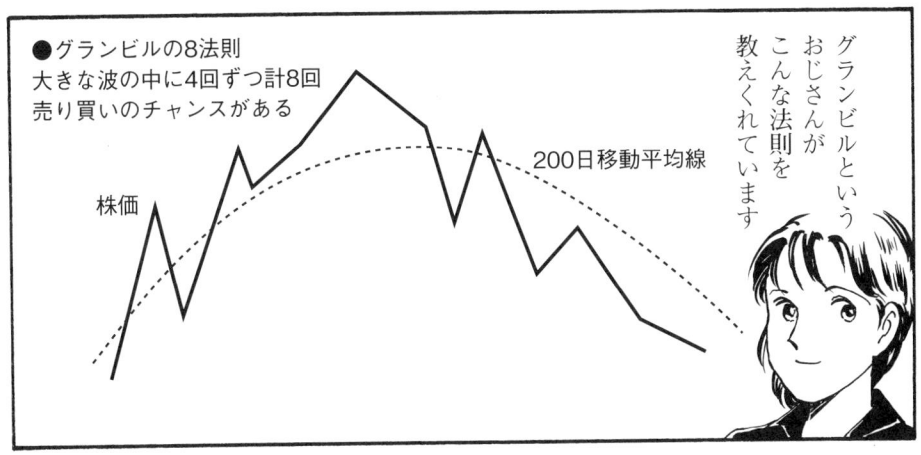

●グランビルの8法則
大きな波の中に4回ずつ計8回
売り買いのチャンスがある

株価

200日移動平均線

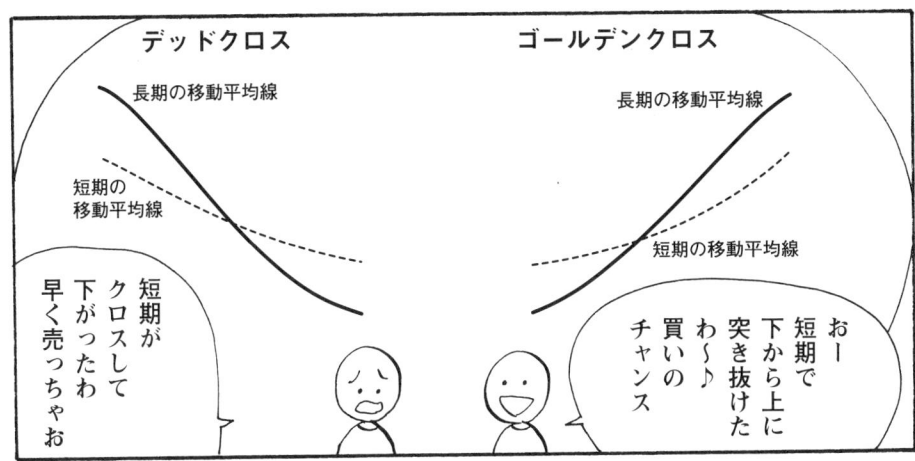

グランビルというおじさんがこんな法則を教えくれています

デッドクロス　　　　　　　ゴールデンクロス

長期の移動平均線　　　　　　長期の移動平均線

短期の移動平均線　　　　　　短期の移動平均線

短期がクロスして下がったわ
早く売っちゃお

お〜短期で下から上に突き抜けたわ〜♪
買いのチャンス

山本有花流！株入門の入門

きゃー また 上がった

また 儲かった

こんな感じでやってたらたまたまこの時は

一時的にトントン拍子に儲かっちゃったのです

…が 常に状況は変化する

ある時から急にこのやり方が通用しなくなった

げげ また下がってる〜 なんで!? 上がるはずだったのに〜

氷河期

44

第2章 株、やめた！

チャート
分析のばかぁー

うう…
あなたも
結局
ファンダメンタルズ分析と
同じだったのね
ちっとも役に立たないじゃないの

いいわよ
もう
お別れするわ…

さようなら
株式投資……

山本有花流！株入門の入門

…というわけで一時株をやめたことがあったんです

へー

プリンセスもいろいろ苦労されたんだなぁ…

話はまだ続くのよ聞いてくれる？

もちろんですよ

プリンセスの苦労はそのまま僕の道案内

その先の話ぜひ聞かせてください

カチカチ

# 第3章　株、復活!
## 信用取引の基礎

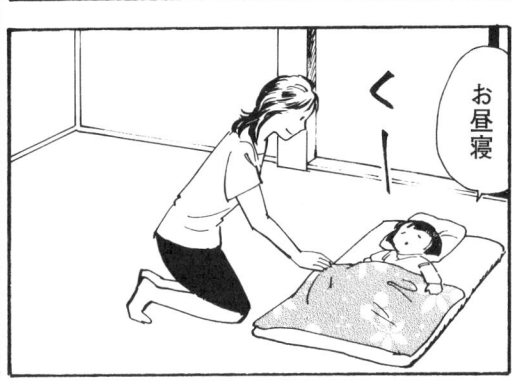

「株をやめた」と公言してから育児に専念していたある日…

お昼寝

くー

ふー

なんとなくパソコンをつけてみた

ひさしぶり〜

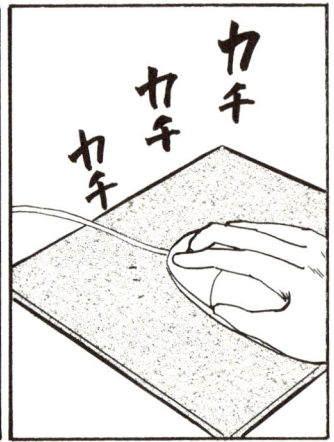

山本有花流！株入門の入門

やっぱりクセで
つい株のサイト
開ちゃうわよねー

どうなってるのかしら
最近は……

カチ
カチ
カチ

うん？

ガタッ

ええっ

な
なんなの
この数字は！

48

第3章 株、復活!

ソフトバンクが

2000円を切ってる〜!!

あーれー

以前は12万円が当たり前で

私のような小市民には手が出せないと思っていたのに

その時私の脳裏にある出版社の社長の言葉が浮かびました

ソフトバンクを買わなくちゃ株やってるなんて言えねえぞ

山本有花流！株入門の入門

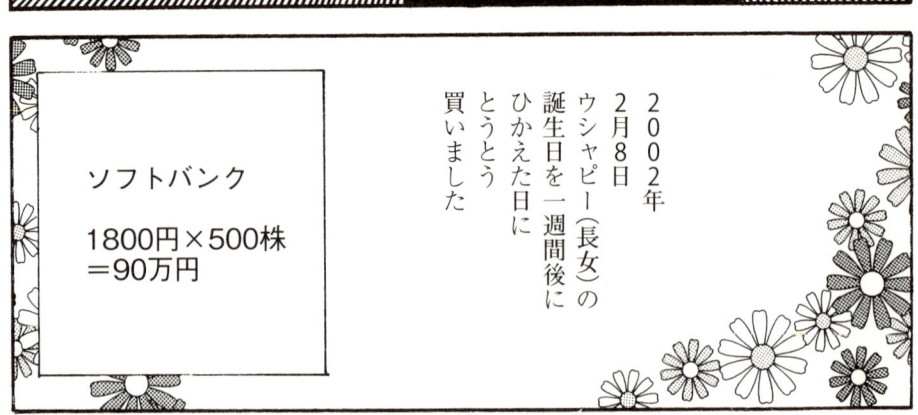

買っちゃおうソフトバンク

今なら買える

ファイティングポーズ！

ソフトバンク

1800円×500株
＝90万円

2002年2月8日ウシャピー（長女）の誕生日を一週間後にひかえた日にとうとう買いました

## 第3章 株、復活！

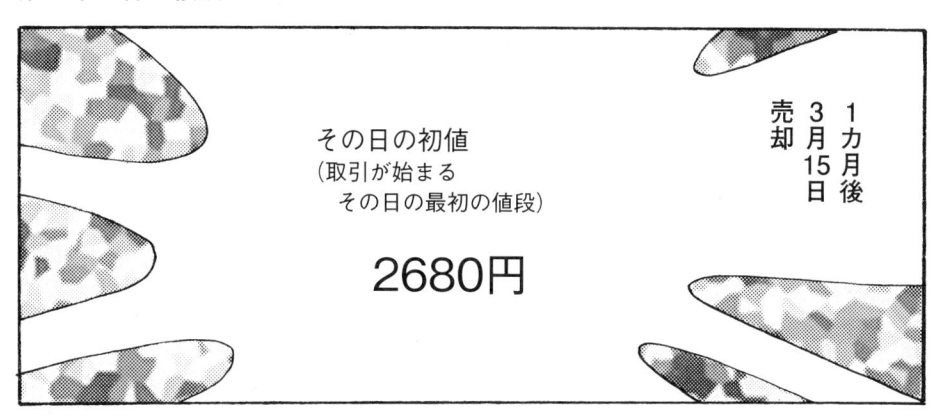

1カ月後
3月15日
売却

その日の初値
(取引が始まる
その日の最初の値段)

2680円

134万円になった

44万円の利益だわ

うーん

再びムラムラと投資への情熱がわいてくるわー

山本有花流！株入門の入門

きりり！

まずは現状分析…

そうかソフトバンクはグロース投資だったんだわ

再起しちゃお

グロース投資：
　成長性の高い企業に投資すること

1部上場しているような大きい企業は安定はしてるけどすでに成長しきっているので

それ以上の大幅な成長はあまり期待できないと言えるかもしれない

そこへいくとベンチャー企業などのなかには

まだ成長途中の10代の若者みたいなものかしら？

将来大きく成長する企業もあるのだ

第3章　株、復活！

創業60年の企業

着実・安定

創業5年の企業

未知数！

何十倍にもなる可能性あり

逆に倒産など思いどおりに売買できないリスクもある

どちらにせよ値動きの幅は後者の方が大きいわ

大手企業は値動きの幅は小さいから長期にはいいけど短期には向かない

マーマ

あらもう起きたの？

とことこ……

よし

おやつ作ろうか

山本有花流！株入門の入門

もっと大きなオーブンだったらいっぺんにたくさん焼けるのにね

そうなのよねソフトバンクだって

500株じゃなくて1000株持っていたら88万円儲かったはずなのよ

2000株持ってたら176万になったのかぁ…！

元手が多かったなぁ…！

誰かから借りる？

もう新婚じゃないし主人に借りるのはムリだろうな

もう色気は通用しないわ…

54

第3章　株、復活！

…で？

2000株持ちたかったらいくらあればよかったわけ？

360万円…

あ〜ダメだ〜

そんなお金ないよー

実は塩漬け株もあるしさー

でも…

なにか方法はあるはずよ…

カチャカチャ

おっ

あった

55

山本有花流！株入門の入門

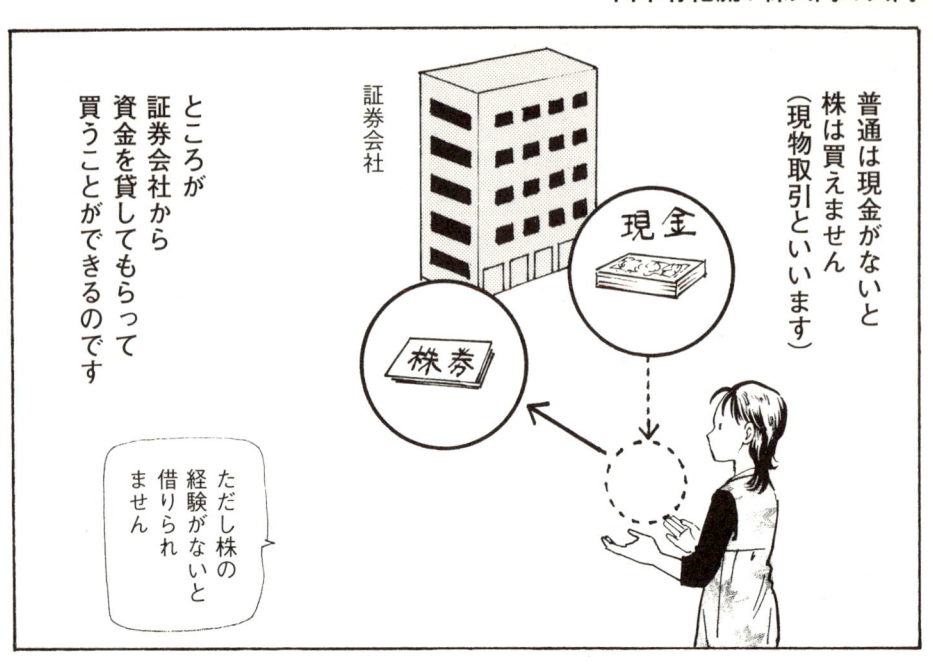

普通は現金がないと株は買えません（現物取引といいます）

ところが証券会社から資金を貸してもらって買うことができるのです

証券会社

現金

株券

ただし株の経験がないと借りられません

もちろん担保が必要で一定期間内での返済が条件です
これを信用取引といいます

株を借りるというのは借りたものを高値のときに売って安くなったら買って借りた株を返すのです
するとその差額は自分の利益になります

売
買

それなら高値の時も儲ける方法があるってことね

チャンスが増えるんだすごい

第3章 株、復活!

山本有花流！株入門の入門

あ もう
お姉ちゃんの
幼稚園のバスが
来る時間だわ

信用取引には
委託保証金率と
いうのがあって

例えば建玉代金
（貸してもらう代金）に対して
保障金率33％の場合
33万円持っていれば
100万円分の
取引ができます

その100万円分の
株が上がったら
利益は3倍です

でも
下がった時は…

## 第3章　株、復活！

大きな損失に備えて「追証(おいしょう)」という仕組みがあります

ママー何読んでるの？

お勉強よ

さっきネットで調べたものをプリントアウトしておいたんだ

本読みながら食べちゃいけないんだって幼稚園の先生が言ってたよ

そっかごめんね

そうだった今は「子供と一緒」を楽しもう

おあずけ

証券会社によって違いますがたいてい保証金維持率30％を下回った時委託保証金率33％まで回復する額を追加として差し入れます

追証とは
建玉評価損つまり
担保価値の目減りに応じて
追加で差し入れなければ
ならない保障金のこと

山本有花流！株入門の入門

例えば33万円の委託保証金（担保）で限度いっぱいの100万円分の株を買ったとする

これで100万円分の信用取引お願いします

かしこまりました

33万円

後日建玉が評価額97万円になったとします

お客さま3万円の評価損が出ました

どうなるんですか

委託保証金維持率の計算をしてみましょう

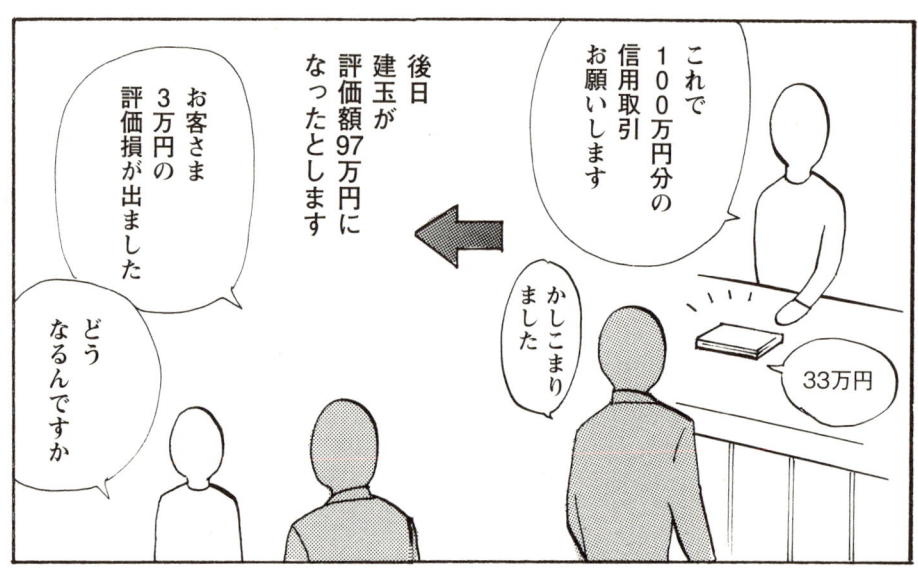

（委託保証金－建玉評価額）÷建玉総額＝委託保証金維持率

（33万－3万）÷100万＝30％

この場合ちょうど30％ね

# 第3章　株、復活！

当社では30％まで追証がかからない約束になっていますのでここまではかかりません

しかし評価額が96万になった（評価損4万）とすると

維持率30％を割りますので追証が必要になります

キャー大変もっとよく教えて

---

（33万－4万）÷100万＝29％

ここで30％を割りました

---

委託保証金率を33％まで回復させる金額を差入れください

ええ？具体的に言うと？

回復すべき33％の委託保証金率から現在の29％を引いて100万円をかけてください

（33％－29％）×100万円＝4万円

…ということですか？

山本有花流！株入門の入門

そうです
このケースでは
4万円の追加保証金
差し入れていただきます

4万円追加…

リスクはあるけど
3倍取引は
魅力だわ

よーし決めた
信用取引を
やってみよう

ポン！

この時
2003年7月4日
2000円で買ったソフトバンクは

9月19日に
5070円になった…!!

やったー

第3章 株、復活！

キキ

…というわけで竹森さんここまでの話わかりました？

バタム！

ふー
この車アニキから中古でゆずり受けたけど…

無利子無期限ローンをまだ一度も払ってないんだよなー

山本有花流！株入門の入門

早く借金返したいものだ

ふう

おプリンセスからメール来てる

ふーん信用取引かぁ
オレにはまだちょっと早いよな
しかし次々といろんなことに挑戦するんだなぁ

カチャカチャ
プリンセス 僕は昨夜 とうとう メルシャンの 株を買いました！
あなたのおかげです ありがとう
あら もう返事が来た
とうとう 買ったの!? 竹森さん よかったわね
おめでとー
あとは毎日 チャート見て 「上がったら売る」 を実践してね
ところで 目標利益は 決めてあるのかな？
わお すごい もう返事 来てる
え 目標利益？

山本有花流！株入門の入門

わからないから聞いちゃおう

目標利益ってなんですか
利益はその時の運しだいだと思ってたんですけど目標が必要ですか？どうやって決めるんですか？

わ 竹森さんからまた返事

きゃ
まるでチャットみたいねこんな夜中に

おーまたプリンセスかな？

メール！

第3章　株、復活！

利益目標とは、どこまで上がるか予想してどの辺まで上がったら売るか決めることなんです。

例えば百円で買った株があるとするでしょ
チャートの数カ月間を見てだいたい130円くらいまでいくと下がる傾向が見られたとするわね

100

そしたら130円が目標と考えがちだけど129円とか125円で下がっちゃうこともあるの

130 ×
125 ○?

だからなるべく確実な株価を目標にするのよ

はぁ
なるほどー

ズルズル

そっか〜

ところで私の目標は竹森さんと遊園地でデート

な〜んちゃって
お茶くらいにしておこうかな

それなら竹森さんとこのカフェに行けばいい？

でもそれじゃただのお客さんだわ

とほほ

山本有花流！株入門の入門

おっと
現実に
戻らなきゃ
えっと…

1日で上がったり下がったりする値幅には「値幅制限」というのがあるのでそれも参考にしてください

へえ
値動きの幅って制限されてるんだ
知らなかった

ストップ高・安の値幅制限一覧

| 基準値段 | | 制限値幅 |
|---|---|---|
| | 100円未満 | 上下 30円 |
| 100円以上 | 200円未満 | 上下 80円 |
| 200円以上 | 500円未満 | 上下 50円 |
| 500円以上 | 1,000円未満 | 上下 100円 |
| 1,000円以上 | 1,500円未満 | 上下 200円 |
| 1,500円以上 | 2,000円未満 | 上下 300円 |
| 2,000円以上 | 3,000円未満 | 上下 400円 |
| 3,000円以上 | 5,000円未満 | 上下 500円 |
| 5,000円以上 | 10,000円未満 | 上下 1,000円 |
| 10,000円以上 | 20,000円未満 | 上下 2,000円 |

…という具合に5000万円以上まで決められています

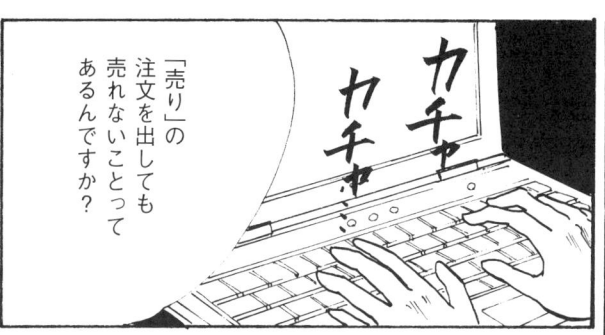

第3章 株、復活！

ふーん
100円以上
200百円未満の株は
1日に50円までしか
上下しないって
決まってるのかー

これを見れば
100円で
買った株を
明日200円に
なったら
売ろうなんて
無謀な計画を
立てることは
ないでしょ？

そうですね

プリンセスは
忙しそうな人だけど
今は時間
大丈夫なのかな

もうひとつ
質問しちゃおうかな

カチャ
カチャ…

「売り」の
注文を出しても
売れないことって
あるんですか？

きゃあ
竹森さん
今日は
積極的ね〜

いい
質問ね

はい
売り注文を出しても
売れないことがあります

やっぱり
売りたくても
売れないことが
あるんだ
ストップ高安制限一覧
板情報を見て、
売れそうだなと思う
株価で売らないと
ダメでしょう。
板情報？
なんだろう
証券会社のサービスで
リアルタイムで
掲示されてます
売気配 気配値 買気配
2000 1644 ………
1000 1642 ………
……… 1640 ………
……… 1638 ………
……… 1636 ………
買い気配？
売り気配？
すみません
よくわかりません
いくらだったら
売ります・買います
という注文の株数が
書いてあるのよ
それを
指値（さしね）注文て
いうんだけどね
逆に
価格を指定しないで
出される注文は
「成り行き注文」
と言います

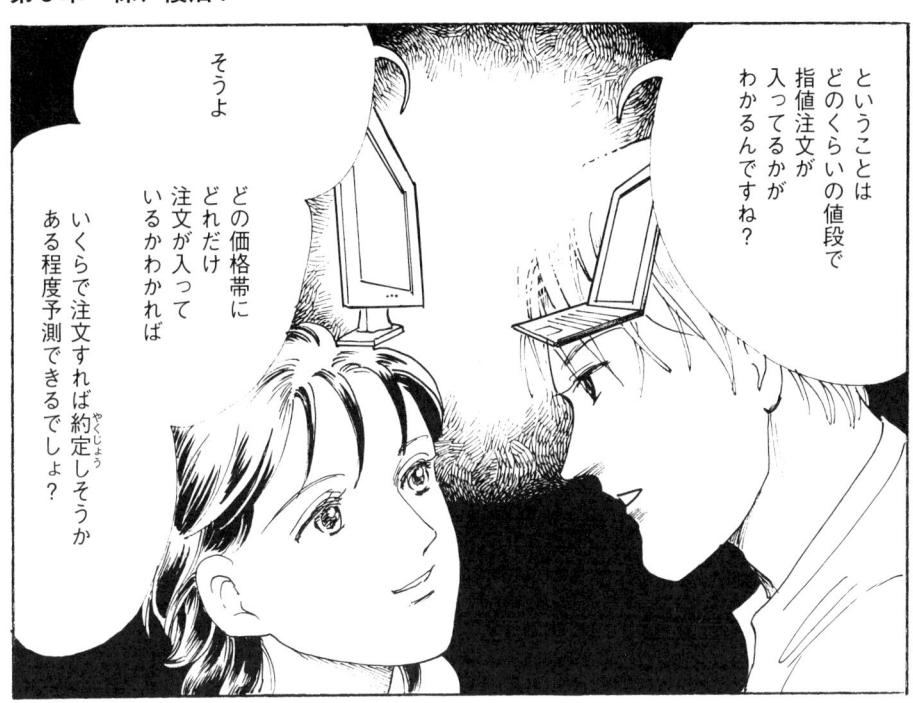

第3章　株、復活！

ということはどのくらいの値段で指値注文が入ってるかがわかるんですね？

そうよ

どの価格帯にどれだけ注文が入っているかわかればいくらで注文すれば約定しそうかある程度予測できるでしょ？

じゃあ見当はずれの値で売りに出しても売れないのですね？

そうなの指値注文の人には売れないの

成り行き注文の人かいれば売れるんだけどね

板情報には成り行き注文の情報は反映されてないのよ

山本有花流！株入門の入門

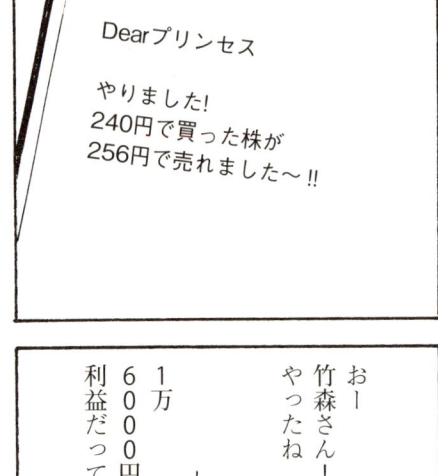

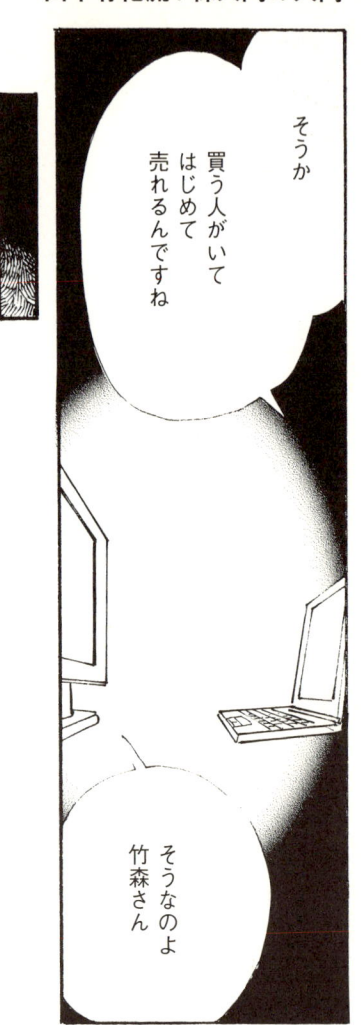

Dearプリンセス

やりました！
240円で買った株が
256円で売れました〜!!

そうか
買う人がいて
はじめて
売れるんですね

それから13日後

そうなのよ
竹森さん

おー
竹森さん！
やったね
1万
6000円の
利益だって

株って
すごく
面白いです

ありがとう
プリンセス！

第3章 株、復活!

よかった
よかった

ところで自分の株はどうなっているのかしら…

カチャ

ひくっ

ガーン

マ…

マイナス250万円〜!?

# 第4章　損切りしちゃった!
## リスクマネジメント

家族にも
言えない
この状況

あれから10日
たったけど
一時マイナスが
236万まで
減って…
でも
また250万に
戻っちゃった…!!

## 第4章　損切りしちゃった！

もっと早く手仕舞いしとけばよかったなー!!

でもなー
もう少し待って
好転してから
売りたい…

けど
さらに
下がったら
どーしよう

ママー
なに
グルグル
してるのー

おっかけっこー？

だったら
ウシャピーがママと
あそんだげる〜

うわわ

山本有花流！株入門の入門

第4章　損切りしちゃった！

変じゃないのよ
大事なことなの
ちょっと見させて
はやくー
わかった
わかった
ちょっとだけ
だから待って
まだー？
うーん
うーん
カチャ
カチャ
おそーい
ママ
う～ん
はやく
切ってよー
またやれば
いいでしょー

# 第4章　損切りしちゃった！

えっ…!?
早く切れ？
早く損を切れ!?

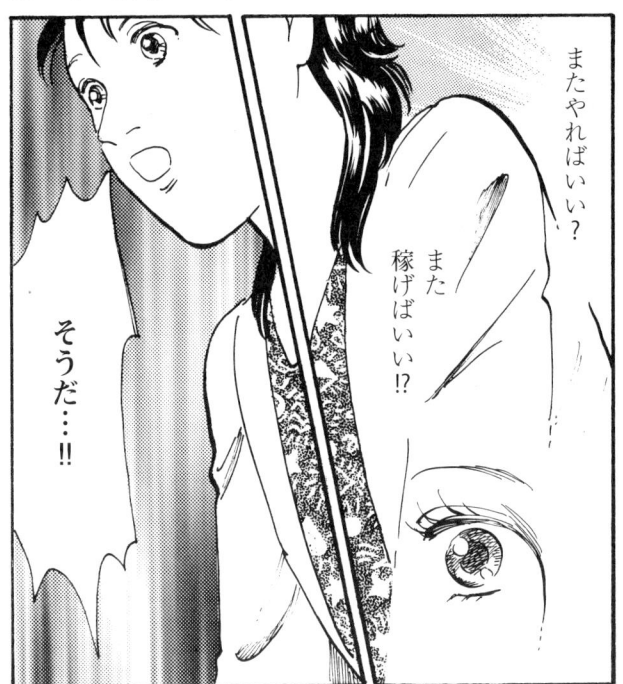

またやればいい？
また稼げばいい!?

そうだ…!!

切ろう!!
損切りしよう!!

ウシャピー
ごめん
これだけは
やらせて!!
ママが
ハイって言ったら
マウス
クリックしみて
うん
いいよ
よし…っと
カチャ
カチャ
はい！
クリックして
OK！
ピコ

## 第4章 損切りしちゃった！

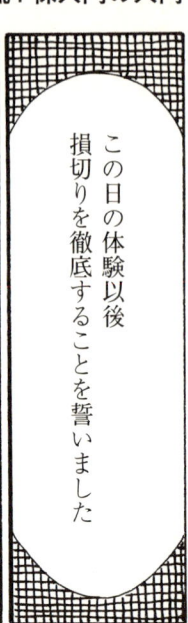

山本有花流！株入門の入門

この日の体験以後損切りを徹底することを誓いました

作業途中の原稿にこう書きました

『損切りは得するためだと割り切ろう』

そうなんだ…損切りして損を得に変えることが大切なんだ

あ 竹森さんからメール来てる

1172円で買った味の素の株が1日で1153円に下がりました。
また明日下がったらどうしたらいいでしょう…。

不安なのは誰でもそうよ
上がるか下がるかなんてプロのアナリストだってわからないんだもの

82

# 第4章　損切りしちゃった！

ある程度まで下がってしまったら損切りしましょう

損切りかぁ…

損…！

いざ切るとなると…ふんぎりがつかないよなー

はー

プリンセス損切りについてもう少し教えてください…
そうよね「ある程度まで下がったら」なんて言われても
「ある程度」なんてわかんないわよね…
はーそれにしても身体がバリバリだわ
株も不調だし
こんな時は体をほぐさなくちゃ
頭がストップしたままじゃいくら考えても仕方ないのよ

第4章 損切りしちゃった！

15分

はー

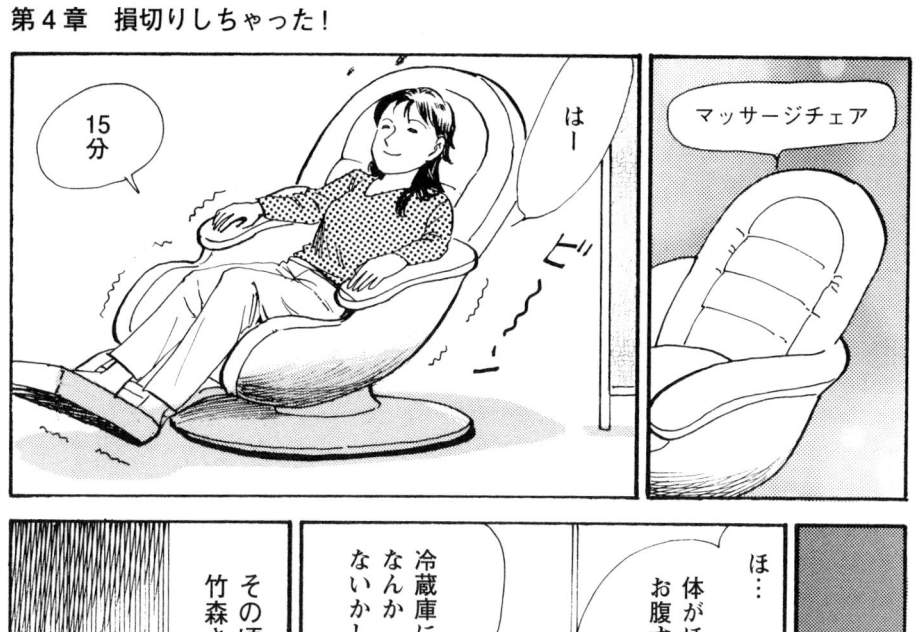

マッサージチェア

ほ…
体がほぐれたら
お腹すいたわ

冷蔵庫に
なんか
ないかしら

ピ…

いくらで
お茶漬け〜♪

その頃
竹森さんは

はー

うう
今日はプリンセスから
ちっともお返事
もらえない〜

にらめっこ

うう
女神よ

助けたまぇ〜

神よ〜
見捨て
ないでくれー

お
お隣さん
宗教団体にでも
入ったのかしら

ルンルン♪

えーと
竹森さんの
メールに
返事しようと
してたんだっけ

はー
お茶漬け
おいしかった〜

## 第4章　損切りしちゃった！

(1) 買った株が3日続いて下がったら
4日目はチャートを見ずに迷わず売る

(2) 期間に関係なく
買った株価が1割下がったら迷わず売る

(3) 株価水準※0で買った株は悪材料がなく
1割以上下がっても3日連続下がっても
とりあえず売らないで様子を見る

そうだ
私の損切りルールを
参考にしてもらおう

※株価水準：
ある一定期間のチャートで最安値を0・最高値を100としたときに
現在値がどの辺りにあるかを表す。

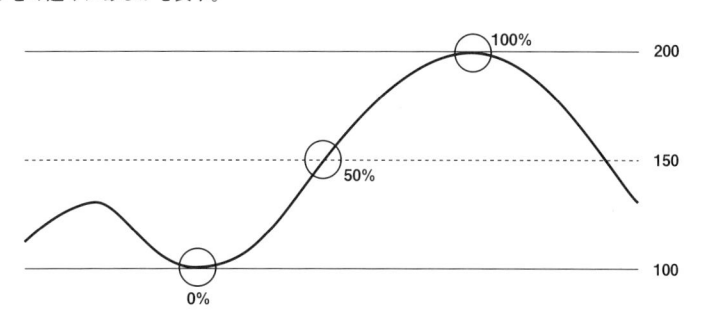

上のグラフの例では、現在値が150円なら株価水準は50％。
0％に近づくほど割安で、買いのタイミング。100％に近いのは割高だとわかる。

もう朝か…

はっ

くかー

プリンセスからメール来てる!!

あ

これは私の損切りルールですから
竹森さんは自分なりに無理のないルールを作ってください…だって

なになに?

そう言われてもなぁ…
自分なりのルールなんてわかんないよ

オレ迷ってばっかしで本当に損切りできるのかな

うぅ…

# 第5章　株って、めんどくさい！
## 生活との両立

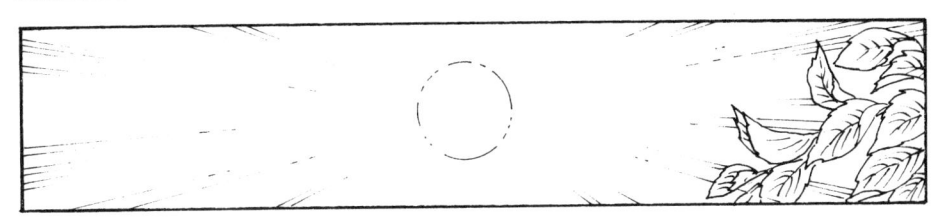

はー

天気は
こんなにいいのに
私の心はどよ～ん

損切りは
できたけど
そのあと負け続き…

はー

パンパン

山本有花流！株入門の入門

なぜかしら…
相場が変わってきたのか…
それとも自分の問題？

今までの自分の判断をチェックしてみよう

チャートを見ると損切りしたあとすぐに株価が上がってる

…この日なんか1分で上がってきたのよね

つまり待てないんだわ

なんかあせってる

それでやたら早めの損切りになってる

平常心を失っているわ

うーん最近忙しいからなぁ

遠足・父母会・執筆・講演会・取材などなどいっぱい増えちゃって…

だけどなー
どれもこれも大切

ママー

# 第5章 株って、めんどくさい！

はーい
はいはい

マーマ

ひこーき
ひこーき

やってー
やってー
やってー

ほーら

ぶ〜ん

ぶ〜ん

きゃーーー♥

きゃー
ウシャピーも
ウシャピーも〜

はーい
順番ねー

重いなー

ぶ〜ん ぶ〜ん

きゃーっ!

アユは12キロ
ウシャピーは18キロ

しかも
1回づつじゃ
かんべんして
くれないし

お腹も太モモも
ピクピクよォ

もう
かんべんして〜

疲れたぁ…

# 第5章 株って、めんどくさい！

もー
銘柄選ぶのも
めんどくさい

忙しい朝に
取引するのも
かったるい

ご飯
作るのも
イヤ

掃除も
イヤ

ロボットとか
あったら
いいのにな…

その頃
竹森さんも…

竹森くん
いま
お客さん
いないから
トイレ掃除
しといて

あ
ハイ
店長

マズイなー
このところ株で負けてばかりで
仕事中も気になって…
まずいよな
こういうの…
でも
気になるものは
気になるんだよな
そうだ
あとでプリンセスに
メールしておこうか…
思いきって
直接会って相談できないか
どうか聞いてみようかな
うん…そうしよう
プリンセス
会ってください…

## 第 5 章　株って、めんどくさい！

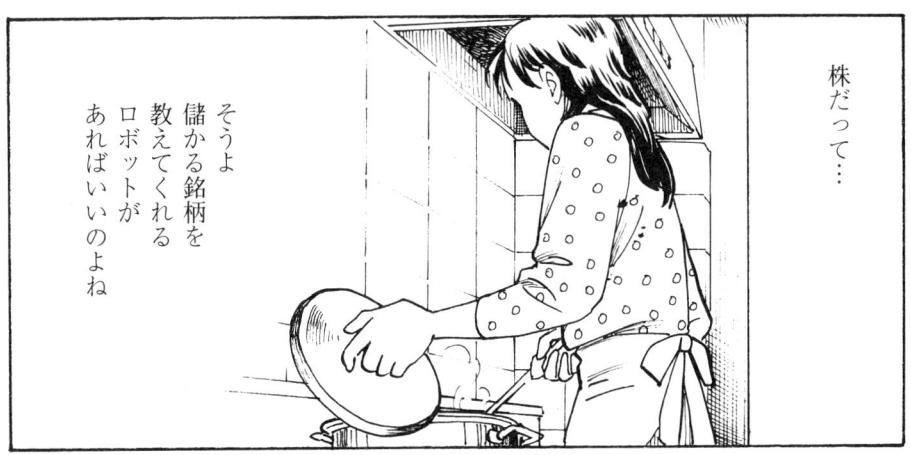

その頃プリンセスはにんじんを切っていました

はーこんな千切りとか下ごしらえとかやってくれるロボットがいればいいのになー

株だって…

そうよ儲かる銘柄を教えてくれるロボットがあればいいのよね

幼稚園の行事で忙しいときは私に代わって売買手続きしてくれるロボットがいればいいのよ

しかもちゃんと私のルールに従って動いてくれるロボットそういうのないかしら…

山本有花流！株入門の入門

なければ作っちゃう…？

そうよ
作れないかしら

そういうロボット

good

あら
竹森さんから
メール
久しぶり～！

なんだ
竹森さんも
負けが
こんでたのね

竹森さま

私も負けがこんでて
ちょっと落ち込んでいました。

でももう大丈夫！
いま いいこと
思いついたから…。

こんにちは。
ずっとメールして
なかったのは、
負けが続いて
いたからで…

カチャ
カチャ

# 第5章 株って、めんどくさい！

おおっ
プリンセスから
返事だ！

へ？
ロボットを
作る!?

なんの
こっちゃ？
わからん

もう少しで
完成しそうだから
待っていてください。

できあがったらちゃんと
教えるからね。

結局
会って相談したいという
オレの申し出が
遠回しに
断られたのかな

わー
ふられたのか!!
オレは

カフェではけっこう奥さんたちに人気あると思ったんだけどなー
この金髪がお好みじゃないのかな
それともやせてるのがいけないのかな
あるいは黒い服ばかり着てるのがイヤとか？
プリンセス！髪の毛は何色がお好きですか
太った方がいいなら明日から食べまくりますよ〜!!
うおー
ひえっ
あらら大丈夫かしらお隣さん吠えちゃって
吠えちゃって
金髪もヤセも黒服もかっこいいと思うんだけどなあ？

### 第5章 株って、めんどくさい！

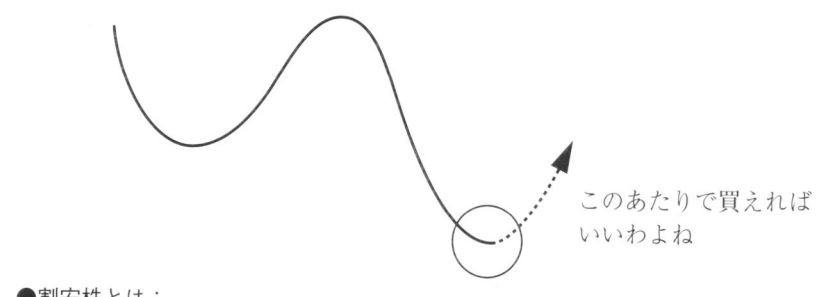

ボーン ボーン ボーン

カチャ カチャ…

へへへ これで割安株投資もオートメーションでできるぞー

儲かる投資家になりたかったらただ安くなった株に投資してるんじゃダメなのよ

上がる株を買わなくっちゃね！

このあたりで買えればいいわよね

●割安株とは；
本来、優良な銘柄で、株価が上がりすぎた時に調整の動きが起こってその中で下がり、そろそろまた上がりそう…というタイミングまで下がってきた銘柄のこと。

山本有花流！株入門の入門

…でそういう銘柄を見つけてくれるコンピュータソフトを見つけたのです

ケンミレソフトと言って

銘柄ごとの値動きの習性までつかんで最適な投資タイミングを選んでくれるの

もちろん投資の決定をするのはあくまで自分よ！

これがあれば

(1) 新聞や四季報がなくても情報が得られる

(2) 難しいチャート理論がいらない すぐ上がる確率の高い銘柄探しを支援してくれる

(3) 買い値売値の判断を支援してくれる

(4) 1日いつでも30分でOK

その判断基準をあっという間に提供してくれるソフトなの

コケコッコー

うふふ 夢みたいでしょ

さあ 竹森さんできたわ 送るわよー

第6章　株ロボットで自動売買！
オートメーショントレーディング

山本有花流！株入門の入門

書類が入ってるだけじゃん？

なのにロボット!?これが？

ふーむ

ソフトを使って買い時・売り時の銘柄を探すことができる!?

コンピューターなんて初心者なんだけどな…オレ

でもプリンセスのご指導があればできるかなぁ…

ちょっとやってみるか

まずはロボットのあるサイトにアクセスして…と

えーと「ケンミレ株式情報」…あったあった

※ケンミレ株式情報：http://www.miller.co.jp/

102

## 第6章　株ロボットで自動売買！

今日は私が特別竹森さんのために入門のところを解説しますね※

一カ月の無料お試しがついたCD付きの解説本も出ているけど

※詳しくは著書『株のオートメーショントレードで儲ける本』をご覧ください。
なおケンミレソフトはダウンロードの必要はなく
月々の使用料を払えばネット上ですぐに使えます。

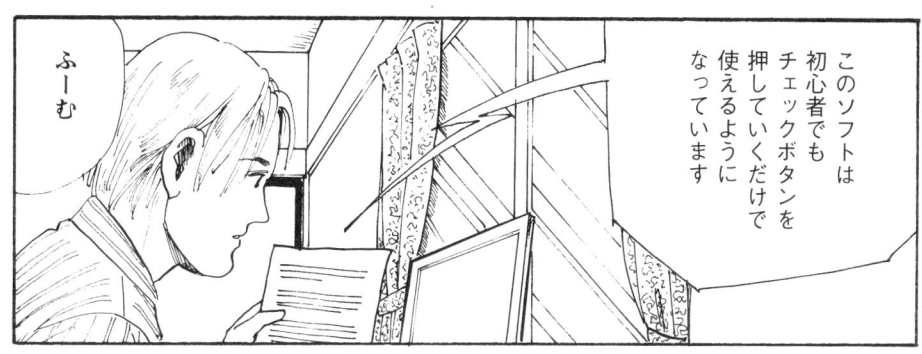

ふーむ

このソフトは初心者でもチェックボタンを押していくだけで使えるようになっています

ちょっとやってみましょうね

「最適指標銘柄探し」という基本ソフトの体験デモの画面を見てみましょう

ほんとだチェック項目がズラリと並んでる

投資金額と市場を選ぶ

100　万円以内

☑ 出来高が少ない銘柄

▼市場名
☑ 東証
☐ 大証
☐ JASDAQ(JQ)
☐ マザーズ
☐ ヘラクレス(HC)
☐ 全市場

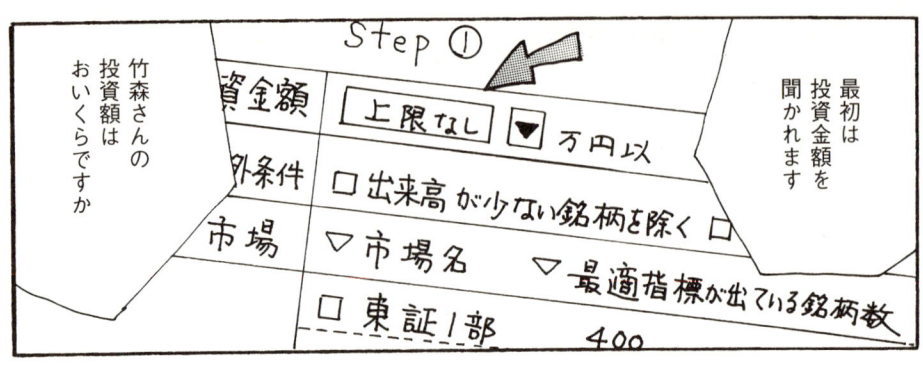

山本有花流！株入門の入門

最初は投資金額を聞かれます

竹森さんの投資金額はおいくらですか

私は最低30万くらいあるといいなと考えてます
50万あると分散して2銘柄買うこともできるのでベターでしょう

なるほど
じゃ50万円のところをチェック…

その下は除外条件という項目ですね

出来高というのは売買取引量のことで
その数が少ないと売り注文を出しても買い手がつかない可能性が多いということです

ふむ
じゃオレも「除外」にしとこう

「50万円以下の銘柄」は安いから買いやすいけど倒産の可能性もありますので気をつけてください

ひえー
じゃこれも
チェック
しておこう

少ない銘柄を除く
☐ 50円以下の銘柄を除く

ただし世の中にはこの除外条件を狙って儲けている人もちゃんといます

初心者にはおすすめできません

●東証・大証：
いわゆる長年の実践がある銘柄

●JASDAQヘラクレス：
中小・中堅・ベンチャー企業が中心

●マザーズ：
次世代狙いで
成長の可能性が大きい企業

次は市場選び…？

えーと？

じゃあ
オレは
オーソ
ドックスに
東証
一部で…

●大型：
優良で安定性ありですが
値動きは鈍いかもしれません

●小型：
将来が未知数で値動きに
変化があるかもしれません

規模を選ぶ欄があるけどこれって何？

☐ 大証
☐ JASDA
☐ マザーズ
☐ ヘラクレス
☐ 全市場

規模
☐ 大型 ☐ 中型 ☐ 小型

なるほど…

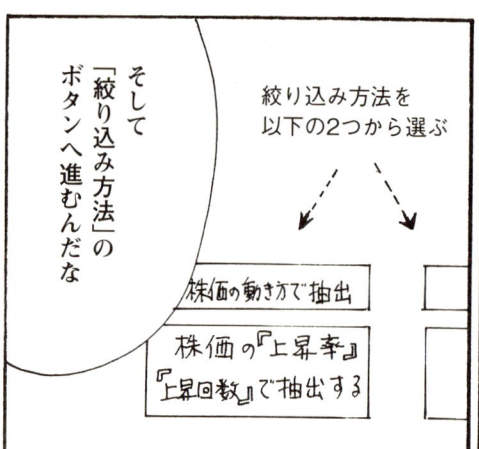

山本有花流！株入門の入門

次は…えーと業種選び？

オレは食品だな…水産農林も選んでおこうか

絞り込み方法を以下の2つから選ぶ

株価の動き方で抽出

株価の『上昇率』『上昇回数』で抽出する

そして「絞り込み方法」のボタンへ進むんだな

※体験版には業種選択画面はありません。

初めての方は「株価の動き方」がわかりやすいと思います

了解じゃそっちをクリック

プリンセスの説明はわかりやすいなー

●上昇回数：
半年間に何回を繰り返したか

●上昇率平均：
半年間のデータから
1回の上昇で
どれくらい上昇する力を
持っているかを
平均して数値化(%)したもの

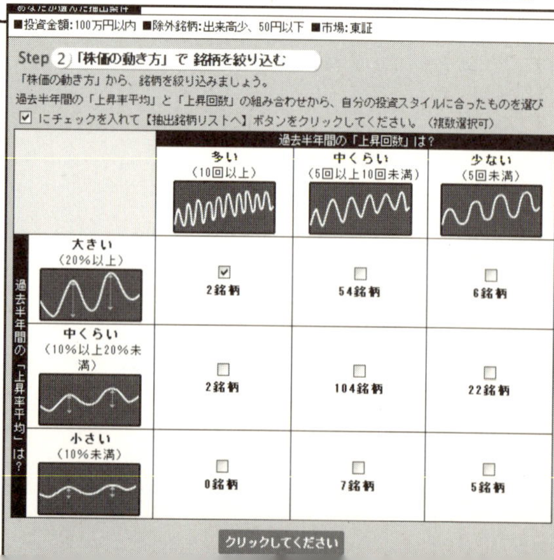

■投資金額：100万円以内　除外銘柄：出来高少、50円以下　市場：東証

Step 2)「株価の動き方」で銘柄を絞り込む

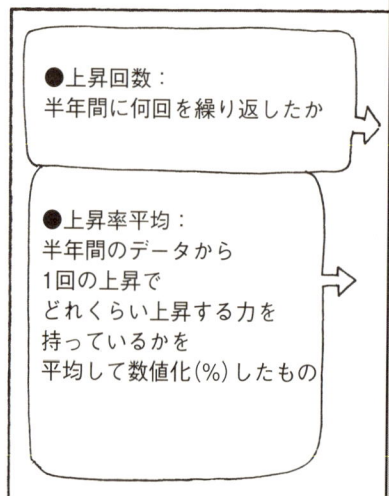

「株価の動き方」から、銘柄を絞り込みましょう。
過去半年間の「上昇率平均」と「上昇回数」の組み合わせから、自分の投資スタイルに合ったものを選び
☑にチェックを入れて【抽出銘柄リストへ】ボタンをクリックしてください。〈複数選択可〉

| | | 過去半年間の「上昇回数」は？ | | |
|---|---|---|---|---|
| | | 多い<br>(10回以上) | 中くらい<br>(5回以上10回未満) | 少ない<br>(5回未満) |
| 過去半年間の「上昇率平均」は？ | 大きい<br>(20%以上) | ☑<br>2銘柄 | □<br>54銘柄 | □<br>6銘柄 |
| | 中くらい<br>(10%以上20%未満) | □<br>2銘柄 | □<br>104銘柄 | □<br>22銘柄 |
| | 小さい<br>(10%未満) | □<br>0銘柄 | □<br>7銘柄 | □<br>5銘柄 |

クリックしてください

## 第6章 株ロボットで自動売買！

上昇率が高いということは

(1) その時上昇する好材料があった
(2) 調整がすすんで次に上昇に転じた場合、大きく上昇する可能性がある
(3) 利益を確保しやすい

ということなんですが…

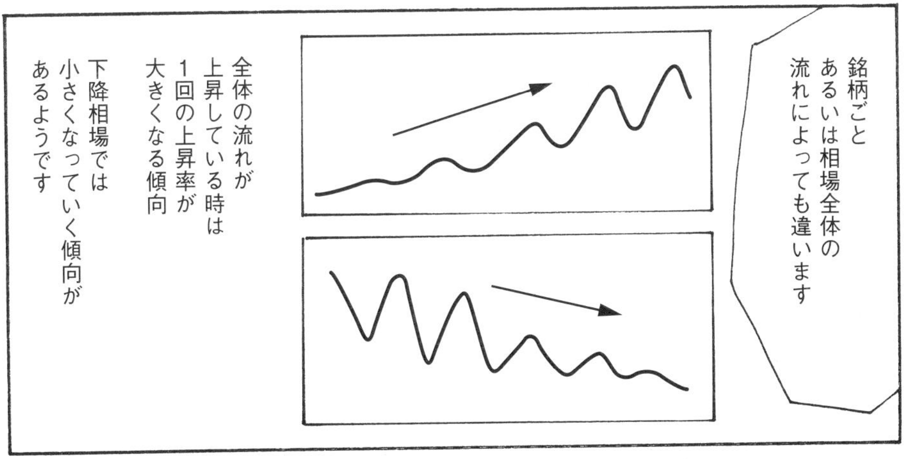

うーむ

ここで注意してほしいのは

この上昇率はそれを算出した時点のものでデータは常に新しく生まれかわってるということです

銘柄ごとあるいは相場全体の流れによっても違います

全体の流れが上昇している時は1回の上昇率が大きくなる傾向

下降相場では小さくなっていく傾向があるようです

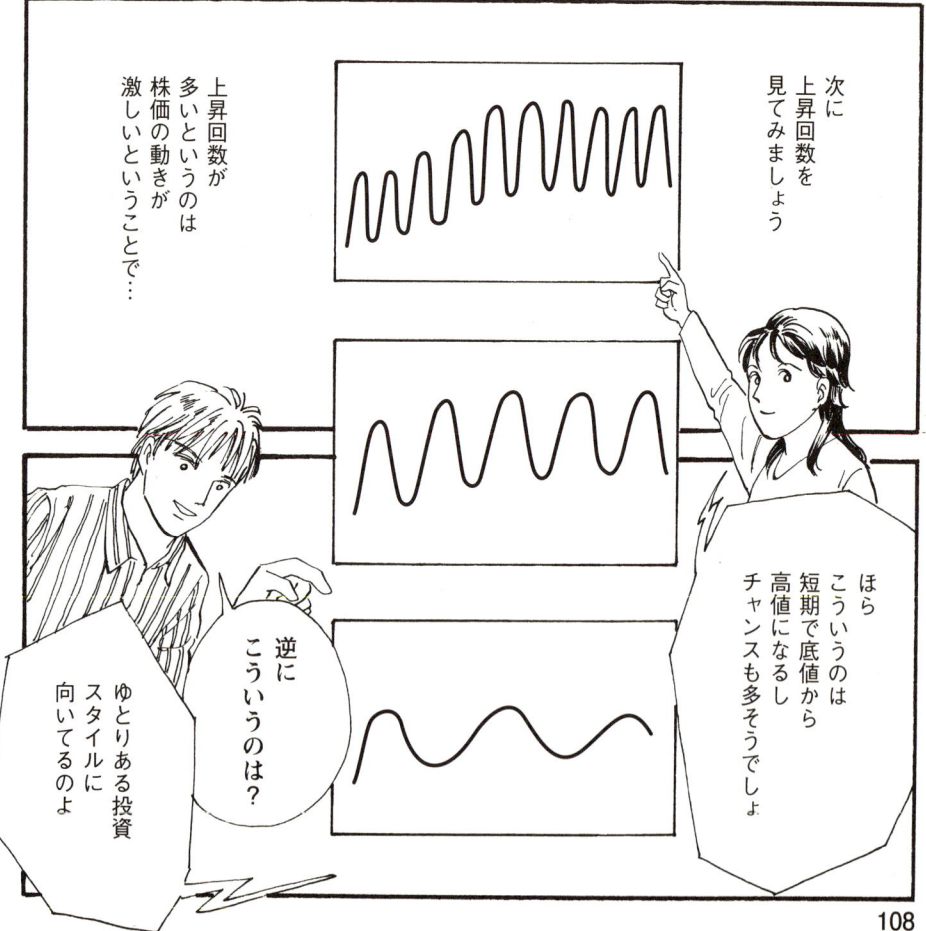

山本有花流！株入門の入門

あと上昇率が大きいほど下がる率も大きい可能性…リスクがあるってことも忘れないでください

ジェットコースターみたい

次に上昇回数を見てみましょう

上昇回数が多いというのは株価の動きが激しいということで…

ほらこういうのは短期で底値から高値になるしチャンスも多そうでしょ

逆にこういうのは？

ゆとりある投資スタイルに向いてるのよ

第6章　株ロボットで自動売買！

それからこのソフトには自分の目標価格を設定しておくと教えてくれる機能がついてるのよ

えっ
なんですか
それ

ケンミレソフトを立ち上げた時に「目標に近いよ」みたいなシグナルがつくの

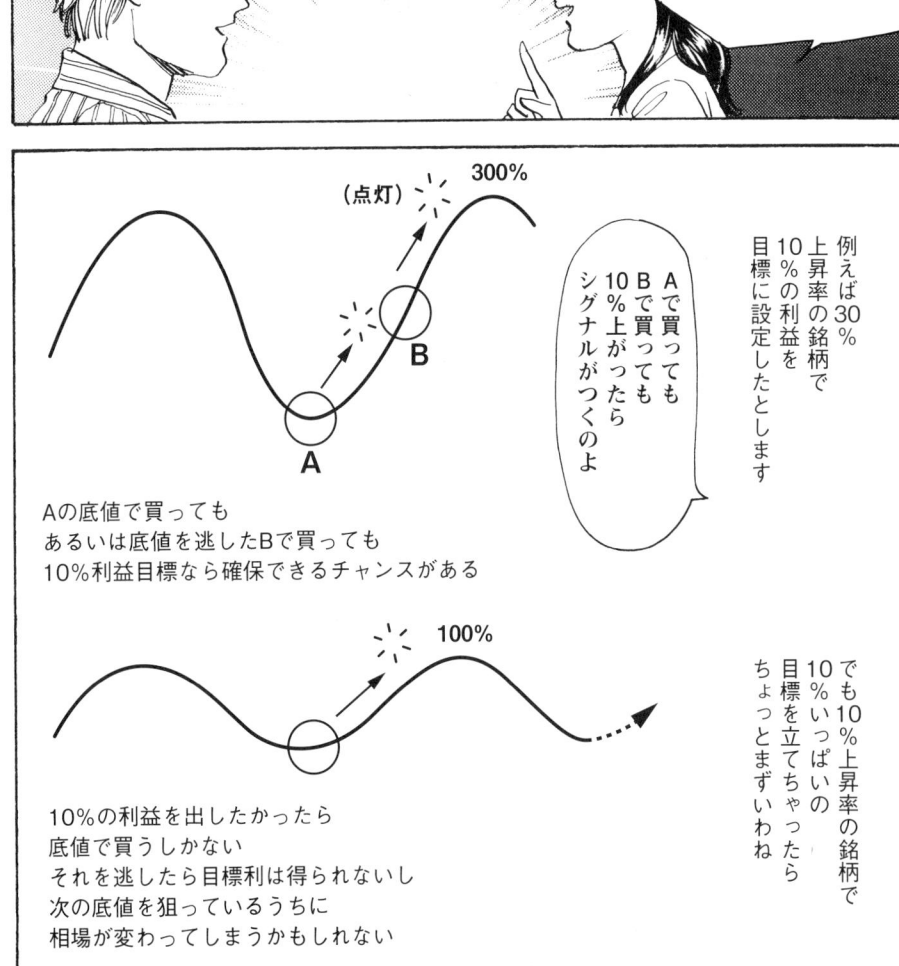

（点灯）300%

A
B

例えば30％上昇率の銘柄で10％の利益を目標に設定したとします

Aで買ってもBで買っても10％上がったらシグナルがつくのよ

Aの底値で買っても
あるいは底値を逃したBで買っても
10％利益目標なら確保できるチャンスがある

100%

でも10％上昇率の銘柄で10％いっぱいの目標を立てちゃったらちょっとまずいわね

10％の利益を出したかったら
底値で買うしかない
それを逃したら目標利は得られないし
次の底値を狙っているうちに
相場が変わってしまうかもしれない

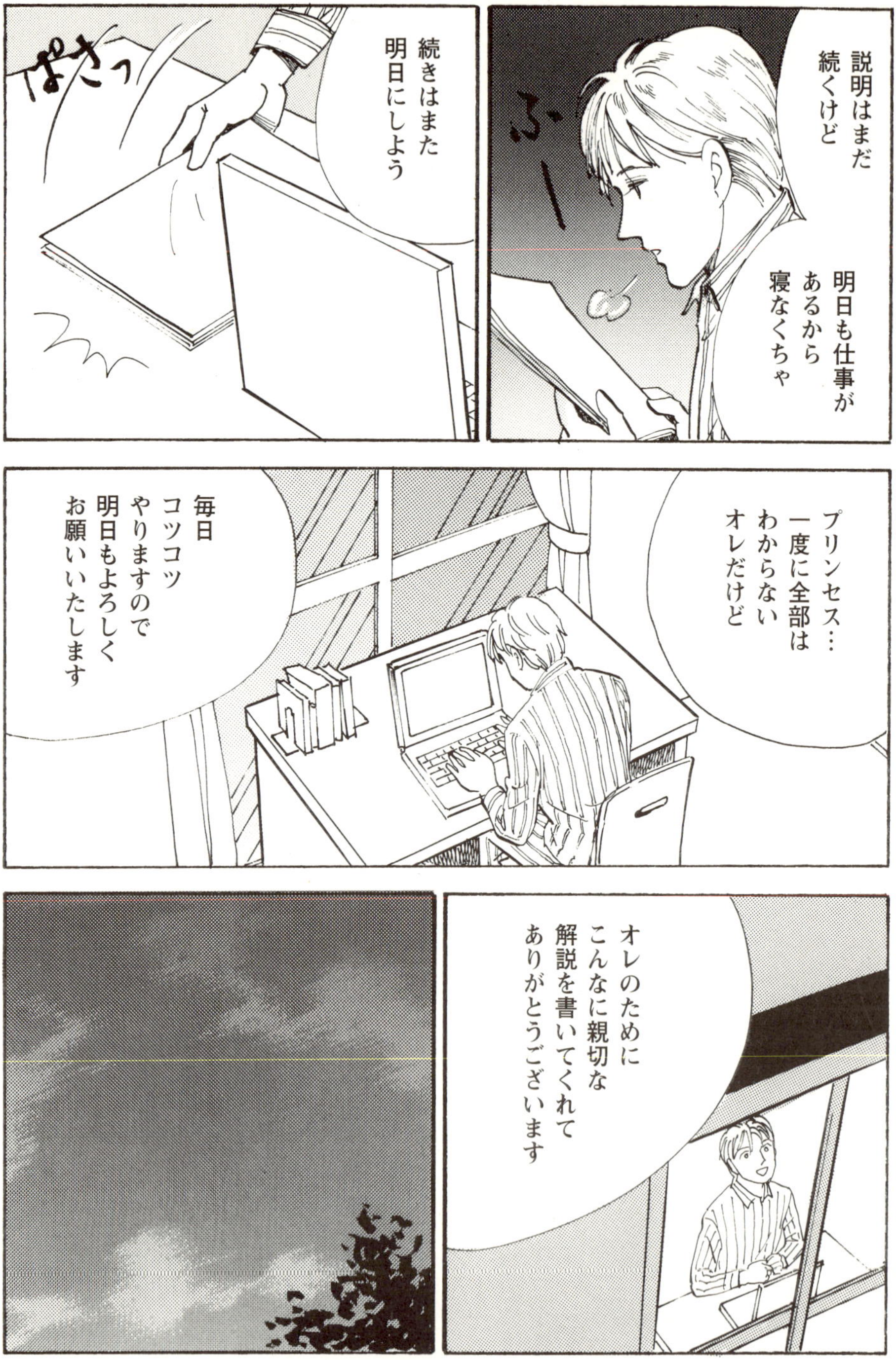
説明はまだ続くけど
ふー
明日も仕事があるから寝なくちゃ
続きはまた明日にしよう
ぱさっ
プリンセス…一度に全部はわからないオレだけど
毎日コツコツやりますので明日もよろしくお願いいたします
オレのためにこんなに親切な解説を書いてくれてありがとうございます

## 第6章　株ロボットで自動売買！

マーマ

ちょっとリラックスタイムさせてー

くん…

お…いい匂いがしてきた

いいわねー自動って…

昨日はほとんど寝ないで原稿書いていたから今はちょっぴりうたたねさせて…

山本有花流！株入門の入門

株のほうは明け方に自動ロボットに仕込みしておいたからあとはロボットさんよろしくねー

カチャカチャ
自動

その夜

ただいま～♪

おれのかわいいロボットちゃんオレが帰るの待っててくれたかい？

よーし

風呂入ってビール飲んで今日は自動売買を勉強するぞー

## 第6章　株ロボットで自動売買！

 バイ・バイ・バイ♪
自動売買〜♪
ザーばしゃばしゃ
ふー

車の運転みたいに株売買の自動運転ができたらこんないいことはない

ほんというとケンミレソフトは奥が深くてオレはまだほんの入り口しか見えてないんだけど

とりあえず流れとして最後の自動売買のところまで勉強しちゃおう！

ケンミレソフトには
細かいチェックを
可能にするための
いろんなソフトが
用意されています

自分の投資スタイルに合わせて使ってみてください

たとえば

●期間内上昇率
●押し目率
●短期波動
●財務指標(増益率PER配当利回り)
●最適指標
●ケンミレ抵抗ライン
　いったん株価が下げ止まる可能性の高い
　株価ゾーンを示したラインを「抵抗ライン」といいますが
　このラインを引くのが素人には難しい。
　それをこのソフトがやってくれます

●価格帯別出来高
　このデータがボタンひとつで一瞬にして得られます

そのほか自分のやってきた売買の記録ができます
これはあとで自己分析するのに大変便利です

ほかにも新しいソフト開発や
マメな情報提供サービスがあります
実はこれがあなどれません

114

# 第6章　株ロボットで自動売買！

ではいざプリンセス

最終プロセスのご指導をよろしくお願いいたします

やだあ竹森さんたら

でもホントこれができたら確実に利益を出せて損も最小限にできるの

なおかつ自分の人生の時間をもっと大切なことに向けられるわ

だから頑張ってね

ではオートメーショントレードの最終段階自動売買をご紹介します

これはカブドットコム証券の自動注文機能を使うことで可能になるの

ここに口座を開設すると誰でも無料で使えます

その前に今までのロボットの流れを図式にしておきましょう

&lt;ケンミレソフトでできること&gt;

- ●儲かる銘柄(割安株)の抽出

　↓

- ●儲かる銘柄を選ぶ
（自己判断・自己責任）

　↓

- ●いくらで売買すれば儲かる率が高いかという値を算出する

　↓

※このあたりは奥が深く
いろいろなソフトが用意されています。
また常に新しく便利なソフトが開発されていますから
詳しくはケンミレのHPにアクセスするか。
あるいは私の著書『株のオートメーショントレードで儲ける』などを
お読みください。

- ●儲かる売値・買値を決める
（自己判断・自己責任）

　↓

実際に売買する注文を自動化するのがカブドットコムの自動注文です
http://www.kabu.com/

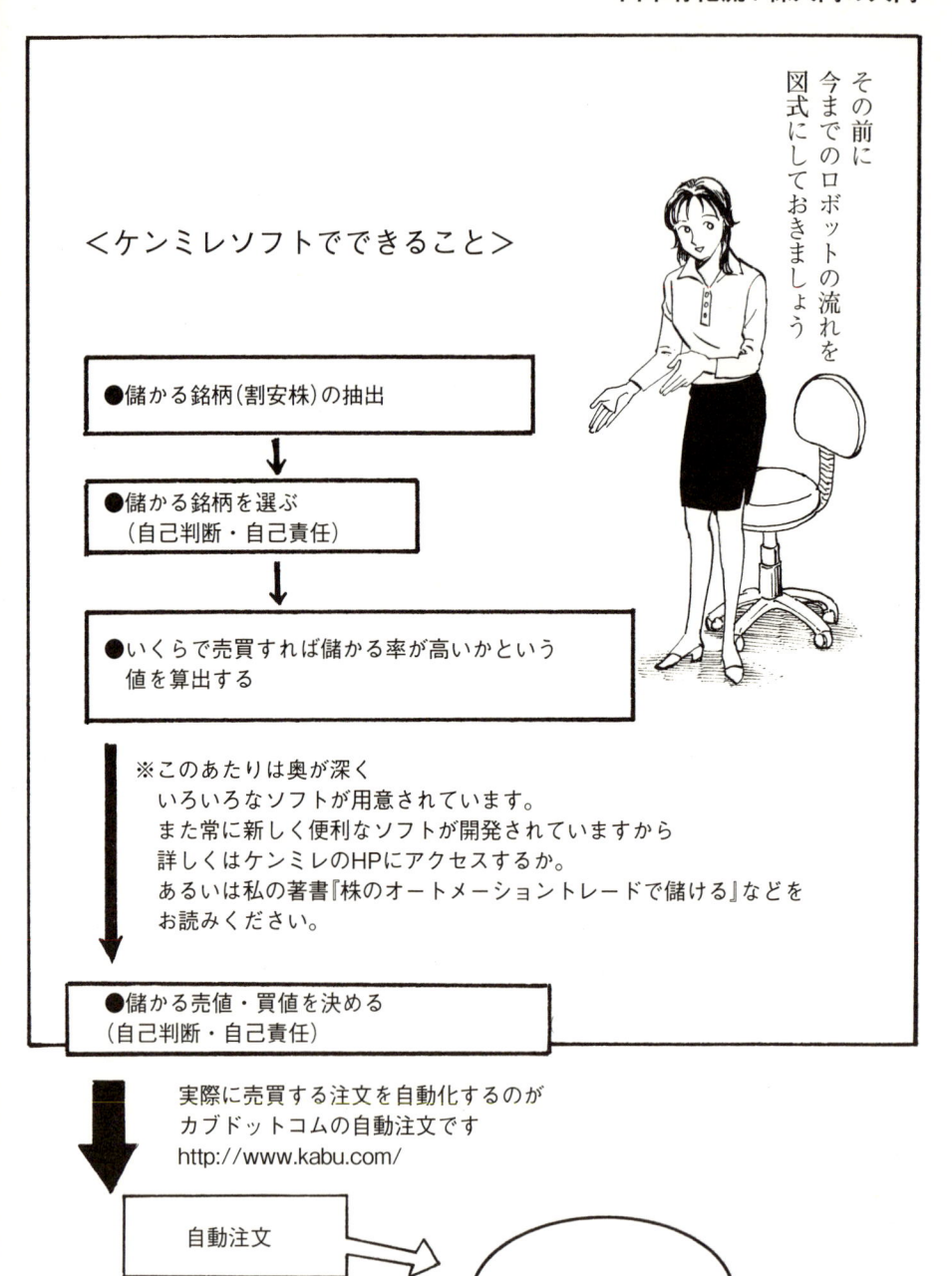

自動注文　→　実際の取引現場

希望のタイミングにバッチリ取引!

## 第6章　株ロボットで自動売買！

自動といっても自分の望むような条件に応えてくれます

例えば指値注文は…

×××円になったら売り注文にしてください

解

利益だけじゃなくて損切りにも使えます

××円以上損になる時は売ってください

了解

それから期間指定もできます

5日間で勝負を決められなかったらもういいです

長い期間指定しても株はどんどん変わるから私はおよそ1週間から10日くらいで処分するようにしています

ところで注文するときボタンを間違えないようにね
へ？
これは私の失敗談なんですが…
ある日突然請求書が来たんです
ぎくーっ
なにこれ
こんなに買った覚えはないのに…!!
よく調べたら100株買うつもりが1000株買っていたんです
メールサービスで知らせてくれていたのにそれもちゃんと見ていなかったんです
がくっ
いやーん私のバカ

## 第6章 株ロボットで自動売買!

プリンセスも案外おっちょこちょいなんだな

オレもやりそうだから気をつけよう

さてと

いろいろ教えてもらったけど実行してみなくちゃなにも始まらないよな

だけど…オレコンピューターって弱いんだよなー

う〜んなんなんだこの「よっこらしょ」感は?

はじめから儲けようという「欲」があるからいけないのかな

山本有花流！株入門の入門

よし
投資という「運転」を
「学ぼう」という
謙虚な気持ちで始めよう

そうだ！

おーし！

すっく！

プリンセスへ

「ロボット」を送ってくださって
ありがとうございました。
ロボットっていうから
どんな大きなものだろうと
心配していましたが…。
このオートメーショントレード
やってみます!!

♪

ぺっ

ガラガラ

よかった
竹森さん
気に入って
くれたみたい

僕は日中働いているから
自動売買に向いていると思うし

なによりこの方法は
僕の弱点である「気の弱さ」を
カバーしてくれる方法の
ように思えます。

そうなの
この方法は
弱点カバーに
なるのよ

マーマ

はいはい
いま
いくよー

私たち個人投資家は
なけなしのお金を
投資するから
絶対に損は出したく
ないのよね

山本有花流！株入門の入門

はっきり言って儲けることは簡単なことではありません

竹森さんにはまだそれを言ってなかったっけ

株式投資でお金を儲けるにはある程度の知識が必要なの

分析力や判断力・行動力・勇気も必要

だけどそんなこと言ってて実践しなくちゃなにも始まらないもんね

キョロ　キョロ

え〜と今日のおかずは…と

# 第6章　株ロボットで自動売買！

あらら
トンカツにしようと
思ってたけど
今日はお肉高いわねぇ

やめとこかー
いざ実行となると
迷うわよね

奥さーん
新発売の
飲み物ですよー
どうぞ試してみて
くださーい

そうやって
迷ってるうちに
株だったら
相場が変わって
チャンスを逃しちゃうの

そんな時
ソフトを使って
自分の頭をサポート
してもらって
一歩踏み出すのも
いいと思うのよ

これにしちゃお

今日の
お買得!!
今月の旬

山本有花流！株入門の入門

これどこのメーカー？

売れ行きどーですか？若い人にウケる？それとも年配の方？

なんちゃってつい市場調査

あ そうだ 竹森さんに言っておくこと思い出したわ

ケンミレは会員になると日本や世界の市場分析や情報を配信してくれるし

カブドットコムは株関連の速報ニュースを送ってくれるのこういうのが案外重要な参考になるのよね

あるものをどんどん取り入れてどんどん自分流に改善して利用していく

これが山本流よ

第7章 実践！山本有花流トレーディング

# 第7章
# 実践! 山本有花流トレーディング
## 変化する投資家を目指して

けっこう確率よくなってきてるんです
そう オートメーショントレードはよかった？
ええ もう これでバッチリですよ
あ そう思っちゃったらやばいかも
えっ
どういうことですか？

第7章　実践！山本有花流トレーディング

状況はいつも動いているから「これでいい」と安心したら危ないわよ

そうなんですか

ちょうどいまマスターが休憩中でほかにお客さんもいないからお話しますが…

この間アサヒビールを買ったんですけど
毎年真夏より12ヵ月前にピークになるから
それよりさらに先に買っといたんです
…ちゃんと先のこと見てるでしょ？

うーん
そうねぇ…
よく勉強してるけど
でも…

そうだわ
ちょうどノートパソコン持ってるから

一緒に見ましょうかアサヒビール

山本有花流！株入門の入門

えーと
ほら
これだわ
5年間の
アサヒビール

だいたい8月がピークで
12月には株主優待で
利益確定内でピークになる傾向があるけど

年によって
ピークの大きさ・上昇率（チャートの形）は
ずいぶん違うでしょ

1年間のチャート

あ
ほんとだ

年によって
人気商品が
出たりとか
いろいろ
あるしね

5年間のチャート

第7章　実践！山本有花流トレーディング

同じ銘柄でも毎年同じ投資方法でやっていては現実とズレちゃって利益が出ないことがあるのよ

オートメーションをマスターしただけではだめなんですか？

あれはあれで手堅くていいのよ！でも状況は常に変わるからいろんな手を考えて工夫することは大切よ

はい…

竹森さん今度はリアルタイムのクイックトレードを勉強してみる？

また新しい勉強ですか!?

山本有花流！株入門の入門

そうよ
日々進化する
ことが
重要なの

わかりました
プリンセス

ぜひ
学ばせてください

あのー
実は私も
株には興味
あるんですけど

あ
マスター

あの
講演会をして
いただけ
ないでしょうか？
お客さんにも
株に興味ある人
多いんですよ

というわけで
ある日の午後
講演会をすることに
なってしまいました

皆さん
今日は
ようこそ
こんにちはー

いきなり
大勢だなぁ

こんにちはー

第7章　実践！山本有花流トレーディング

今日はクイックトレードのお話をさせていただきます

これって実はファンダメンタルズ分析もチャート分析も必要ない方法なんですとってもいいでしょ？

えっそんな無謀な方法なんですか？

なんか不安

そ そんなんで株がやれるんですか

はい私はこの方法で資本金100万円で月30万の成果を上げているんです

信じてもらえなくても本当なのよね〜

山本有花流！株入門の入門

銘柄選びも
いらないんです…

ひえー

カンタンで
ごめんなさい

なんて…
ちょっと語弊がありますが
でも
その日の上昇率ランキングを見て
上から1～3位を
選ぶだけなんです

はー

1～3位の中で
その株価水準から判断して
低いということ
前日から今日にかけて
なるべく窓※が
開いてないことを
確かめてから
銘柄を選びます

※2つのローソク足で値幅の開いている部分。

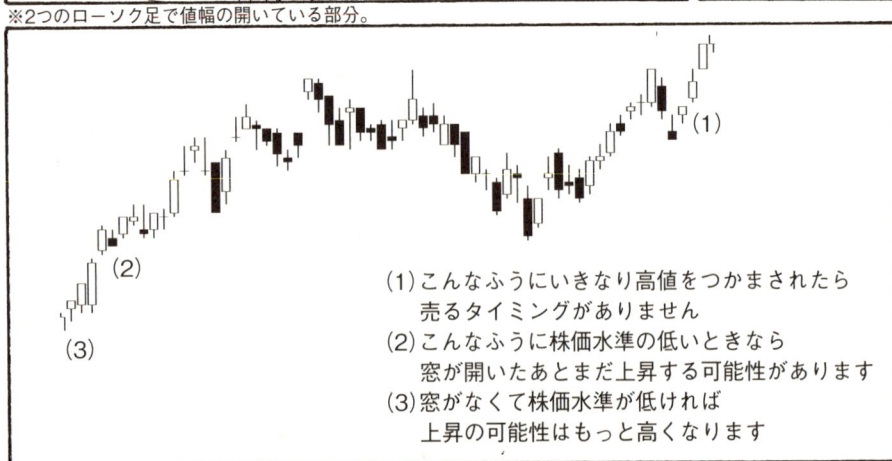

(1)こんなふうにいきなり高値をつかまされたら
　　売るタイミングがありません
(2)こんなふうに株価水準の低いときなら
　　窓が開いたあとまだ上昇する可能性があります
(3)窓がなくて株価水準が低ければ
　　上昇の可能性はもっと高くなります

第7章　実践！山本有花流トレーディング

キョトン…

よくわかってない竹森さん

1日のうち自分の都合のいい時間を決めてやるといいと思います

時間帯によって値動きのクセがありますからね

私は朝一番の9時からやります

実はその時間が一番値動きの活発な時間なものですから…

といっても状況はいつも変わり得るのが前提です

9時から始めて15分くらいで終わります

あんまり長いと失敗しやすいのでせいぜい25分で取引完了です

忙しい人にぴったりでしょ

山本有花流！株入門の入門

| 東証1部 | 大証1部 | JASDAQ |
| --- | --- | --- |
| NYSE | | NASDAQ |

値上がり率上位　09:00　詳細>
順位　銘柄　　　　　現在値
1　東海染工　　　　293 (+1.03%)
2　日毛　　　　　　821 (+0.12%)
3　--　　　　　　　-- (--%)
4　--　　　　　　　-- (--%)
5　--　　　　　　　-- (--%)

とにかく具体的にリアルに体験してみましょう

昨日の9時の証券の変化をスライドにしてきましたご覧ください

さあ 9時に値上がりランキングのページを開きました

あ どなたか時間計ってくださいますか

あ 僕やります

09:00　詳細>
　　　現在値
　　　293 (+1.03%)
　　　821 (+0.12%)

でもう1回これを見てください
1位の東海染工は前日比を見ると約1％の上昇ですね

2位の日毛は 0.12%…
ほとんど窓が開いていません

# 第7章 実践！山本有花流トレーディング

この場合2位のほうが窓あきが少ないのですが

9:00

株価が高いですから株数をたくさん買える東海染工にしてみましょう

| 東海染工〈3577〉 東証 |  |
|---|---|
| 現在値 | **295** ↑ |
| 前日比 | +5 (+1.72%) (09:00) |
| 始値 | 291 (09:00) |
| 高値 | 295 (09:00) |
| 安値 | 291 (09:00) |
| 出来高 | 70,000 (09:00) |
| 前日終値 | 290 (05/03/22) |
| 売買代金 | 20,478(千円) |

さあ板情報を見てみましょう！

まだ買いと売りの気配がはっきりしませんね

気配というのは買いたい株数・売りたい株数がどのくらいあるかという数値なんです…はいここで買い注文をします

| 売気配株数 | 気配値 | 買気配株数 |
|---|---|---|
| 30,000 | 300 | |
| 51,000 | 299 | |
| 4,000 | 298 | |
| 6,000 | 297 | |
| 5,000 | 296 | |
| | 295 | 5,000 |
| | 294 | 30,000 |
| | 290 | 2,000 |
| | 289 | 7,000 |
| | 288 | 10,000 |

あっもう1分経過しました先生！

9:01

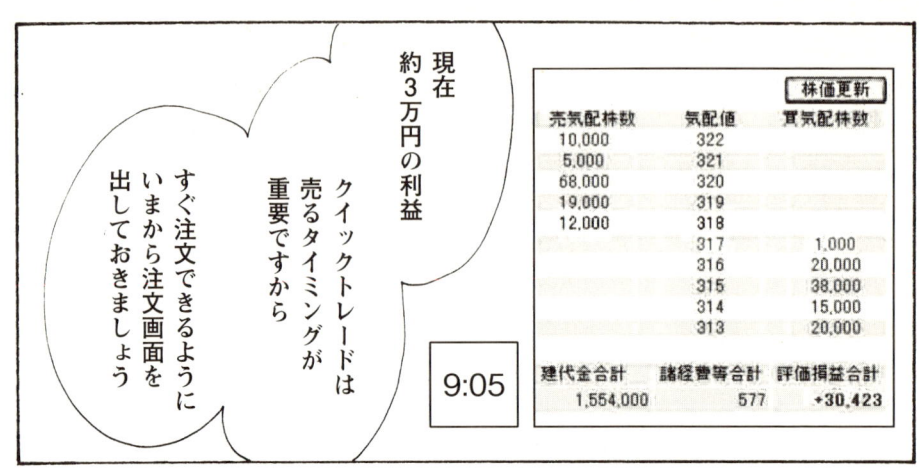

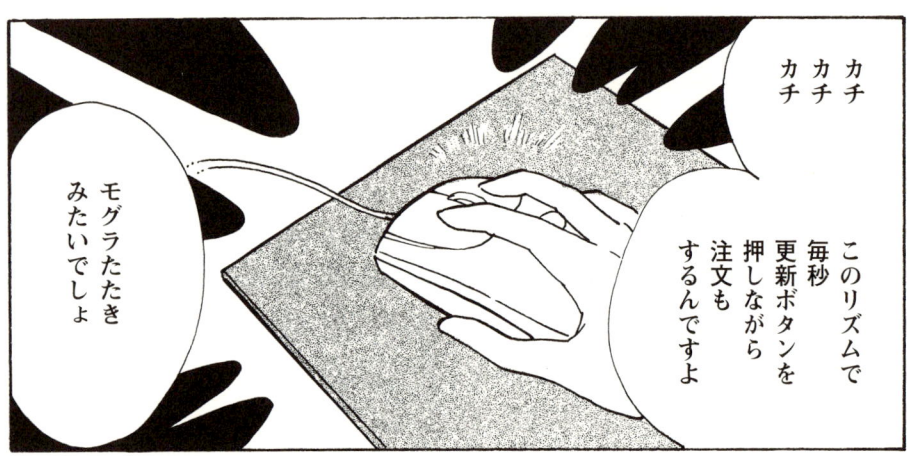

山本有花流！株入門の入門

現在約3万円の利益

クイックトレードは売るタイミングが重要ですから

すぐ注文できるようにいまから注文画面を出しておきましょう

| 売気配株数 | 気配値 | 買気配株数 |
|---|---|---|
| 10,000 | 322 | |
| 5,000 | 321 | |
| 68,000 | 320 | |
| 19,000 | 319 | |
| 12,000 | 318 | |
| | 317 | 1,000 |
| | 316 | 20,000 |
| | 315 | 38,000 |
| | 314 | 15,000 |
| | 313 | 20,000 |

株価更新

9:05

建代金合計 1,554,000　諸経費等合計 577　評価損益合計 +30,423

カチカチカチ

このリズムで毎秒更新ボタンを押しながら注文もするんですよ

モグラたたきみたいでしょ

たゆまずカチカチやりましょう

であほら

9:06

| 売気配株数 | 気配値 | 買気配株数 |
|---|---|---|
| 19,000 | 323 | |
| 7,000 | 322 | |
| 5,000 | 321 | |
| 69,000 | 320 | |
| 1,000 | 319 | |
| | 317 | 11,000 |
| | 316 | 27,000 |
| | 315 | 38,000 |
| | 314 | 15,000 |
| | 313 | 20,000 |

建代金合計 1,554,000　諸経費等合計 577　評価損益合計 +40,423

もうこんなに上がってる

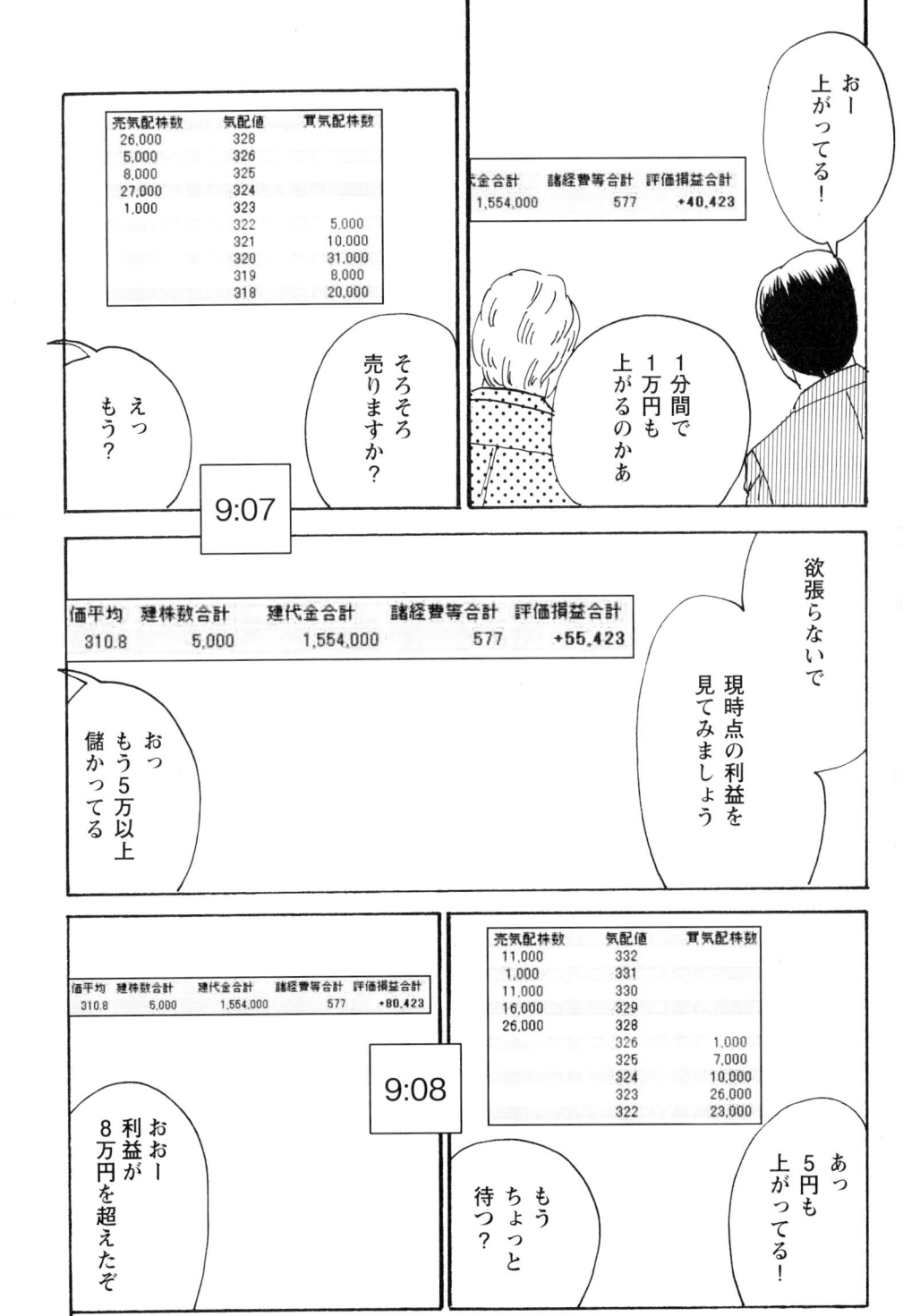

| 売気配株数 | 気配値 | 買気配株数 |
|---|---|---|
| 26,000 | 328 | |
| 5,000 | 326 | |
| 8,000 | 325 | |
| 27,000 | 324 | |
| 1,000 | 323 | |
| | 322 | 5,000 |
| | 321 | 10,000 |
| | 320 | 31,000 |
| | 319 | 8,000 |
| | 318 | 20,000 |

| | 諸経費等合計 | 評価損益合計 |
|---|---|---|
| 金合計 1,554,000 | 577 | +40,423 |

「おー 上がってる！」

「1分間で1万円も上がるのかぁ」

「そろそろ売りますか？」

「えっ もう？」

**9:07**

| 価平均 | 建株数合計 | 建代金合計 | 諸経費等合計 | 評価損益合計 |
|---|---|---|---|---|
| 310.8 | 5,000 | 1,554,000 | 577 | +55,423 |

「欲張らないで現時点の利益を見てみましょう」

「おっ もう5万以上儲かってる」

| 売気配株数 | 気配値 | 買気配株数 |
|---|---|---|
| 11,000 | 332 | |
| 1,000 | 331 | |
| 11,000 | 330 | |
| 16,000 | 329 | |
| 26,000 | 328 | |
| | 326 | 1,000 |
| | 325 | 7,000 |
| | 324 | 10,000 |
| | 323 | 26,000 |
| | 322 | 23,000 |

| 価平均 | 建株数合計 | 建代金合計 | 諸経費等合計 | 評価損益合計 |
|---|---|---|---|---|
| 310.8 | 5,000 | 1,554,000 | 577 | +80,423 |

**9:08**

「あっ 5円も上がってる！」

「もうちょっと待つ？」

「おぉー 利益が8万円を超えたぞ」

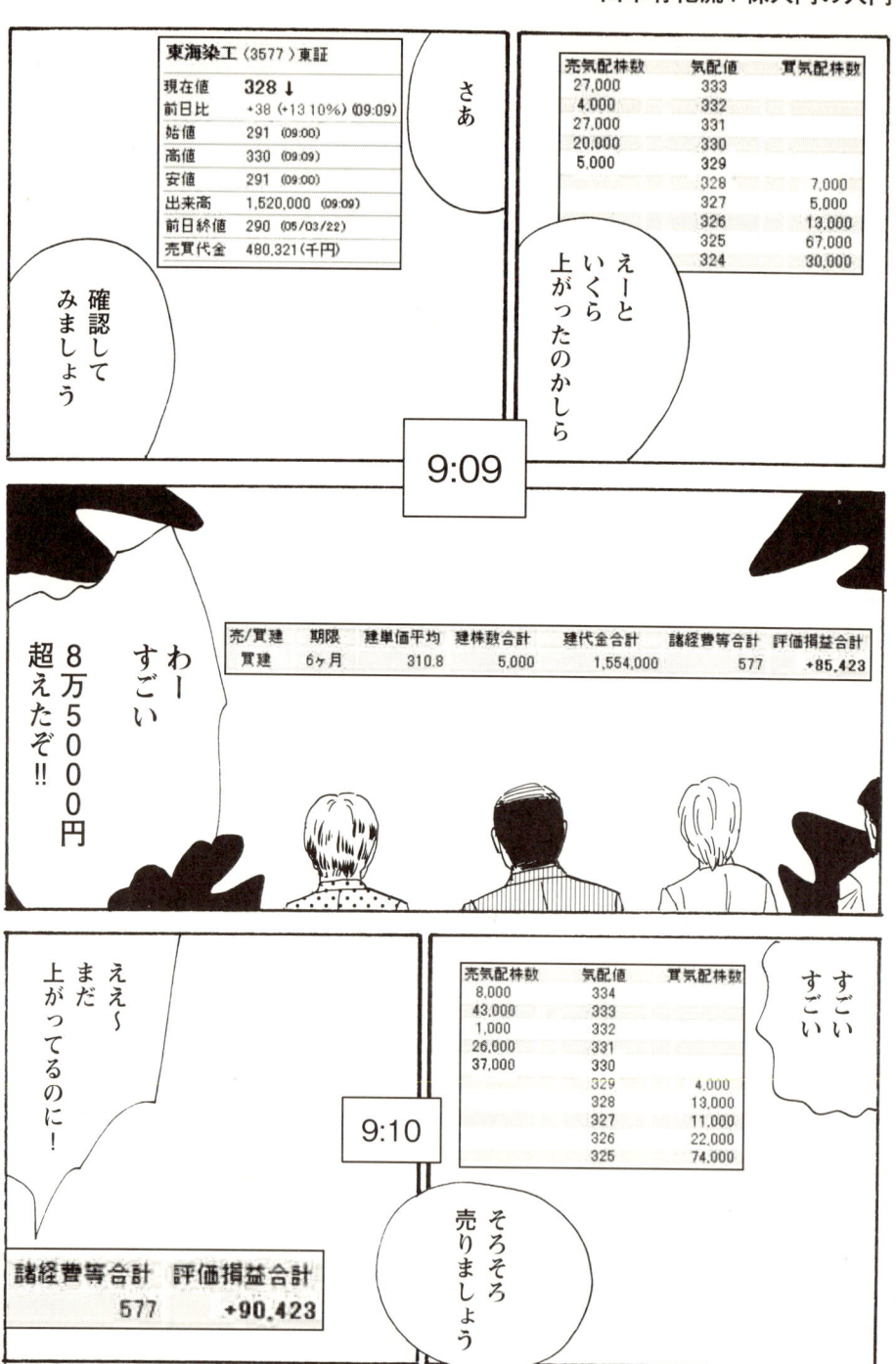

山本有花流！株入門の入門

| 東海染工〈3577〉東証 | |
|---|---|
| 現在値 | 328 ↓ |
| 前日比 | +38 (+13.10%) (09:09) |
| 始値 | 291 (09:00) |
| 高値 | 330 (09:09) |
| 安値 | 291 (09:00) |
| 出来高 | 1,520,000 (09:09) |
| 前日終値 | 290 (05/03/22) |
| 売買代金 | 480,321 (千円) |

| 売気配株数 | 気配値 | 買気配株数 |
|---|---|---|
| 27,000 | 333 | |
| 4,000 | 332 | |
| 27,000 | 331 | |
| 20,000 | 330 | |
| 5,000 | 329 | |
| | 328 | 7,000 |
| | 327 | 5,000 |
| | 326 | 13,000 |
| | 325 | 67,000 |
| | 324 | 30,000 |

さあ確認してみましょう

えーといくら上がったのかしら

9:09

わーすごい
8万5000円超えたぞ!!

| 売/買建 | 期限 | 建単価平均 | 建株数合計 | 建代金合計 | 諸経費等合計 | 評価損益合計 |
|---|---|---|---|---|---|---|
| 買建 | 6ヶ月 | 310.8 | 5,000 | 1,554,000 | 577 | +85,423 |

ええ〜まだ上がってるのに！

| 諸経費等合計 | 評価損益合計 |
|---|---|
| 577 | +90,423 |

9:10

| 売気配株数 | 気配値 | 買気配株数 |
|---|---|---|
| 8,000 | 334 | |
| 43,000 | 333 | |
| 1,000 | 332 | |
| 26,000 | 331 | |
| 37,000 | 330 | |
| | 329 | 4,000 |
| | 328 | 13,000 |
| | 327 | 11,000 |
| | 326 | 22,000 |
| | 325 | 74,000 |

すごいすごい

そろそろ売りましょう

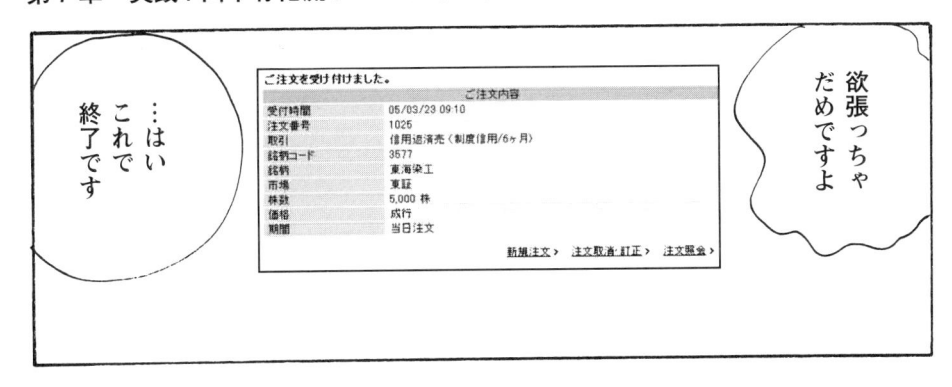

# 第7章 実践！山本有花流トレーディング

…はいこれで終了です

欲張っちゃだめですよ

…こうしてクイックトレードは終わった

…とまあこんな具合です

どうですか？

疲れました？

疲れたカオ

だからクイックはやるなら1日1銘柄にしときましょうね

ですよね

何かご質問ありますか？

## 山本有花流！株入門の入門

ちょっとした迷いが命取りになりそうですが、どういう対策をとればいいですか？

「欲張り禁止」ですね

即答！

10円でも100円でもプラスになったら喜ぶ

これが　初心

初心忘るべからずですよ

勝ち続けてると忘れちゃうものなのですね

え　有花さんもですか

実は私もときどきやっちゃうんですよ

うふ　そーなのです

ちょっとホッとしたりして

140

第7章　実践！山本有花流トレーディング

でしょ？

なにも知らない素人の私がここまでやれたんだから皆さんにもできる気がするでしょ

でもやっぱり山本さんは特別なんじゃないでしょうか…

私が特別？

それなら誰でも特別になれる可能性があるってことです

私には大切な家族がいます

## 山本有花流！株入門の入門

この家族が豊かに幸せに生活していくお金がいります

だけどそのお金のために自分の人生をつまらなくするのはイヤ

楽しくお金儲けしたい

子育てもしたいから家にもいたい

かといって家の中で小さくいるのもイヤ

こんなことを言う私はぜいたくだと思いますか？

そんなことないんですよ

142

# 第7章　実践！山本有花流トレーディング

ほんのちょっと勇気を出してパソコンを開ければ

そこは株価が刻一刻と動いている経済の真っ只中で世界中とつながっているの

その中にいきなり私も参加できちゃう

プロも初心者も関係なく男も女も主婦も差別はありません

きゃー知らない世界ってワクワク〜

家庭という狭い世界で存在していた私が株という世界に入りこんだら自分の世界が何十倍・何百倍にも広がり考え方やものの見方を180度考えることができたんです

山本有花流！株入門の入門

しかも
それでお金が
手に入るなんて
ステキじゃない？

100円でも
1000円でも儲かれば
もう大喜びしちゃう
最初から
大儲けしようなんて
考えてない

儲かる時は
儲かるし
儲からない時は
儲からないのよ

だから
自然な感じで
いきましょう

風のような
自由が好きな私は
投資の方法にも
こだわらないし

日々新しいことを
考えたり
挑戦したり
止まっていることは
ありません

日々進化です

また
どこかでお目に
かかりましょうね

では…

good luck

ばいばーい

## ■著者紹介

**原作：山本 有花（やまもと ゆか）**
二児の母として主婦業をこなすかたわら、株式投資で元手100万円を5年間で3000万円に。その手法を公開した著書がベストセラーになり「カリスマ主婦」として注目を浴びる。現在は執筆のほか、セミナー講師としても活動中。主な著書に『超カンタン！ウィークトレードでラクして儲ける山本式投資法』（あっぷる出版社）、『毎月10万円は夢じゃない！「株」で3000万円儲けた私の方法』『カリスマ主婦トレーダー山本有花の「株」のオートメーショントレードで儲ける本』（いずれもダイヤモンド社）などがある。
http://www.kabu-cha-yuka.com/

**作画：森生文乃（もりお あやの）**
3月17日生まれ。愛知県出身。武蔵野美術大学油絵学科卒。講談社『BE・LOVE』新人賞佳作入選の後、デビュー。幼児期の無意識の叫びを描いた『月とブランコ』が話題に。『結婚てなんなの』では主婦の鬱や家族問題を扱い、主要各紙に取り上げられた。近著には、『細川ガラシャ』『小野小町』などの歴史を題材とした作品や、『マンガ ウォーレン・バフェット』『マンガ 相場の神様本間宗久翁秘録』『マンガ　ジム・ロジャーズ』（パンローリング）などの投資入門書があり、幅広い活動を続けている。
http://www.jade.dti.ne.jp/~ayanosun/

2005年10月4日 初版第1刷発行

ウィザードコミックス⑳

## マンガ　山本有花流！株入門の入門
#### 自分に合ったカンタン投資法はこうして作る

| | |
|---|---|
| 原　作 | 山本有花 |
| 作　画 | 森生文乃 |
| 発行者 | 後藤康徳 |
| 発行所 | パンローリング株式会社 |
| | 〒160-0023　東京都新宿区西新宿7-21-3-1001 |
| | TEL 03-5386-7391　FAX 03-5386-7393 |
| | http://www.panrolling.com/ |
| | E-mail　info@panrolling.com |
| 編　集 | 蔦林幸子 |
| 装　丁 | 小谷野弘子 |
| 印刷・製本 | 株式会社シナノ |

ISBN4-7759-3024-9　　　　　　　　　　　　　　　　　PH8
落丁・乱丁本はお取り替えします。
また、本書の全部、または一部を複写・複製・転訳載、および磁気・光記録媒体に
入力することなどは、著作権法上の例外を除き禁じられています。

©Yuka Yamamoto / Ayano Morio　2005　Printed in Japan

話題の新刊が続々登場！ウィザードコミックス

## マンガ ウォーレン・バフェット

世界一の株式投資家、ウォーレン・バフェット。
その成功の秘密とは？

森生文乃著
定価1,680円（税込）

## マンガ サヤ取り入門の入門

小さいリスクで大きなリターンが望める「サヤ取り」。
初心者でもすぐわかる、実践的入門書の決定版！

羽根英樹・高橋達央著
定価1,890円（税込）

## マンガ オプション売買入門の入門

マンガを読むだけでここまでわかる！
難解と思われがちなオプション売買の入門書！

増田丞美・小川集著
定価2,940円（税込）

## マンガ 商品先物取引入門の入門

基本用語から取引まで・・・
なにそれ!? な業界用語もこれでマスター！

羽根英樹・斎藤あきら著
定価1,260円（税込）

## マンガ 相場の神様本間宗久翁秘録

林輝太郎氏 特別寄稿！全157章完全収録!!
相場の神様が明かす相場の奥義！

林輝太郎・森生文乃著
定価2,100円（税込）

## マンガ 世界投資家列伝

バフェット、マンガー、グレアム、フィッシャー。
20世紀を代表するマネーマスター4人の物語。

田中憲著
定価1,890円（税込）

## マンガ 伝説の相場師リバモア

大恐慌のなか一人勝ちした伝説の相場師！
その人生はまさに波瀾万丈。

小島利明著
定価1,680円（税込）

話題の新刊が続々登場！ウィザードコミックスシリーズ

## マンガ 終身旅行者PT（パーマネントトラベラー）

自由に生きるための最高の戦略がここにある。
──橘 玲（『お金持ちになれる黄金の羽根の拾い方』の著者）

木村昭二・夏生灼著
定価1,890円（税込）

## マンガ 日本相場師列伝

波瀾万丈の人生を駆け抜けた相場師たち。
彼らの生き様からあなたはなにを学びますか？

鍋島高明・岩田廉太郎著
定価1,890円（税込）

## マンガ デイトレード入門の入門

デイトレードで個人の株式売買がどう変わるのか。
ビギナーだからこそ始めたいネット時代の株式売買。

広岡球志著
定価1,680円（税込）

## マンガ 信用取引入門の入門

空売りは、売買手法の幅を広げる画期的な手法。
怖がらずに、まずは「入門の入門」から始めよう。

てらおかみちお著
定価1,680円（税込）

## マンガ ファンダメンタルズ分析入門の入門

決算書には、投資家をまどわすウソがいっぱい。
でも、ポイントさえ知っていれば、見破れるのです。

山本潤・小川集著
定価1,890円（税込）

## マンガ ジョージ・ソロス

イングランド銀行に対し、たった一人で戦争を仕掛けた
ソロスの戦略とは。世界を動かす大投機家の素顔。

黒谷薫著
定価1,680円（税込）

話題の新刊が続々登場！ウィザードコミックスシリーズ

## マンガ ジム・ロジャーズ

10年間で4200%のリターン！天才投資家は、いま、どこを見ているのか!?

森生文乃著
定価1,680円（税込）

## マンガ 三猿金泉秘録

"相場の聖典"がマンガで登場！
250年前、短歌として秘された相場の極意とは？

広岡球志著
定価1,890円（税込）

## マンガ 不動産投資入門の入門

ローリスクで数百万円からできる中古ワンルームマンション投資法。

石川臨太郎・てらおかみちお著
定価1,890円（税込）

## マンガ LTCM（ロング・ターム・キャピタル・マネジメント）

巨大ヘッジファンド崩壊の軌跡。
"金融工学の天才たち"の成功と失敗とは。

清水昭男・狩谷ゆきひで著
定価1,680円（税込）

## マンガ 監査法人アーサー・アンダーセン

"ビッグ5"と呼ばれたアメリカの大手会計事務所。
そのジレンマが引き起こした倒産劇とは——。

清水昭男・小川集著
定価1,680円（税込）

## マンガ 仕手相場 —相場を操る者たち—

実際にあった仕手戦を基にした
異色の経済フィクション！

こずかた治・原田久仁信著
定価1,050円（税込）

**トレーディング・投資業界に一大旋風を巻き起こしたウィザードブックシリーズ!!**

## バフェットからの手紙
究極・最強のバフェット本──この1冊でバフェットのすべてがわかる。投資に値する会社こそ、21世紀に生き残る!

ローレンス・A・カニンガム著

定価1,680円（税込）

## 最高経営責任者バフェット
あなたも「世界最高のボス」になれる。バークシャー・ハサウェイ大成功の秘密──「無干渉経営方式」とは?

ロバート・P・マイルズ著

定価2,940円（税込）

## 賢明なる投資家
割安株の見つけ方とバリュー投資を成功させる方法。市場低迷の時期こそ、威力を発揮する「バリュー投資のバイブル」

ベンジャミン・グレアム著

定価3,990円（税込）

## 賢明なる投資家【財務諸表編】
ベア・マーケットでの最強かつ基本的な手引き書であり、「賢明なる投資家」になるための必読書!

ベンジャミン・グレアム&スペンサー・B・メレディス著

定価3,990円（税込）

## 証券分析【1934年版】
「不朽の傑作」ついに完全邦訳!本書のメッセージは今でも新鮮でまったく輝きを失っておらず、現代のわれわれに多くの示唆を与えてくれる。

ベンジャミン・グレアム&デビッド・L・ドッド著

定価10,290円（税込）

## オニールの成長株発掘法
あの「マーケットの魔術師」が平易な文章で書き下ろした全米で100万部突破の大ベストセラー!

ウィリアム・J・オニール著

定価2,940円（税込）

## オニールの相場師養成講座
今日の株式市場でお金を儲けて、そしてお金を守るためのきわめて常識的な戦略。

ウィリアム・J・オニール著

定価2,940円（税込）

## 投資苑（とうしえん）
精神分析医がプロのトレーダーになって書いた心理学的アプローチ相場本の決定版!アメリカのほか世界8カ国で翻訳され、各国で超ロングセラー。

アレキサンダー・エルダー著

定価6,090円（税込）

## 投資苑がわかる203問
初心者からできるテクニカル分析（心理・戦略・資金管理）完全征服問題集!

アレキサンダー・エルダー著

定価2,940円（税込）

## 投資苑2 トレーディングルームにようこそ
世界的ベストセラー『投資苑』の続編、ついに刊行へ! エルダー博士はどこで仕掛け、どこで手仕舞いしているのかが今、明らかになる!

アレキサンダー・エルダー著

定価6,090円（税込）

**トレーディング・投資業界に一大旋風を巻き起こしたウィザードブックシリーズ！！**

## マーケットのテクニカル百科 入門編
ロバート・D・エドワーズ
＆ジョン・マギー著

世界に現存するテクニカル分析の書籍は、
すべてこの本書から派生した！
定価6,090円（税込）

## マーケットのテクニカル百科 実践編
ロバート・D・エドワーズ
＆ジョン・マギー著

アメリカで50年支持されているテクニカル分析の最高峰！
チャート分析家必携の名著が読みやすくなって完全復刊！
定価6,090円（税込）

## 狂気とバブル
チャールズ・マッケイ著

「集団妄想と群集の狂気」の決定版！
150年間、世界的大ベストセラー！
定価2,940円（税込）

## ワイコフの相場成功指南
リチャード・D・ワイコフ著

日本初！　板情報を読んで相場に勝つ！
デイトレーダーも必携の「目先」の値動きを狙え！
定価1,890円（税込）

## ワイコフの相場大学
リチャード・D・ワイコフ著

希代の投資家が競って読んだ古典的名著！
名相場師による繰り出される数々の至言！
定価1,890円（税込）

## スイングトレード入門
アラン・ファーレイ著

デイトレーダーと長期投資家の間に潜り込み、
高勝率のトレードチャンスを発見できる！
定価8,190円（税込）

## ディナポリの秘数 フィボナッチ売買法
ジョー・ディナポリ著

"黄金率" 0.382、0.618が売買のカギ！
押し・戻り売買の極意が明らかに！
定価16,800円（税込）

## 金融と審判の日
ウィリアム・ボナー、
アディソン・ウィギン著

アメリカ大不況宣言！
アメリカはこれから、日本の「失われた10年」を経験する！
定価2,940円（税込）

## ツバイク ウォール街を行く
マーティン・ツバイク著

全米ナンバー1の株式市場予測者が明らかにした
最高の銘柄選択をし、最小リスクで最大利益を得る方法！
定価3,990円（税込）

## ヘッジファンドの売買技術
ジェームス・アルタッチャー著

現役ヘッジファンドマネジャーが顧客の反対を押し切って
秘密の売買技術を明かした！
定価6,090円（税込）

**トレーディング・投資業界に一大旋風を巻き起こしたウィザードブックシリーズ!!**

## 魔術師リンダ・ラリーの短期売買入門
リンダ・ブラッドフォード・ラシュキ著

国内初の実践的な短期売買の入門書。具体的な例と豊富なチャートパターンでわかりやすく解説してあります。

定価29,400円（税込）

## ラリー・ウィリアムズの短期売買法
ラリー・ウィリアムズ著

1年で1万ドルを110万ドルにしたトレードチャンピオンシップ優勝者、ラリー・ウィリアムズが語る！

定価10,290円（税込）

## ラリー・ウィリアムズの株式必勝法
ラリー・ウィリアムズ著

ラリー・ウィリアムズが初めて株投資の奥義を披露！
2004年『株式トレーダー年鑑』の最高優秀書籍！

定価8,190円（税込）

## ヒットエンドラン株式売買法
ジェフ・クーパー著

待望!!ネット・トレーダー必携の永遠の教科書。カンや思惑に頼らないアメリカ最新トレード・テクニックが満載。

定価18,690円（税込）

## バーンスタインのデイトレード入門
ジェイク・バーンスタイン著

あなたも「完全無欠のデイトレーダー」になれる！
デイトレーディングの奥義と優位性がここにある！

定価8,190円（税込）

## バーンスタインのデイトレード実践
ジェイク・バーンスタイン著

デイトレードのプロになるための「勝つテクニック」や「日本で未紹介の戦略」が満載！

定価8,190円（税込）

## ターナーの短期売買入門
トニ・ターナー著

全米有数の女性トレーダーが奥義を伝授！
自分に合ったトレーディング・スタイルでがっちり儲けよう！

定価2,940円（税込）

## ゲイリー・スミスの短期売買入門
ゲイリー・スミス著

20年間、ずっと数十万円（数千ドル）以上には増やせなかった"並み以下の男"が突然、儲かるようになったその秘訣とは！

定価2,940円（税込）

## オズの実践トレード日誌
トニー・オズ著

習うより、神様をマネろ！ダイレクト・アクセス・トレーディングの神様が魅せる神がかり的な手法！

定価6,090円（税込）

## タートルズの秘密
ラッセル・サンズ著

中・長期売買に興味がある人や、アメリカで莫大な資産を築いた本物の投資手法・戦略を学びたい方必携！

定価20,790円（税込）

**トレーディング・投資業界に一大旋風を巻き起こしたウィザードブックシリーズ!!**

## 投資苑2 Q&A
アレキサンダー・エルダー著

本書は『投資苑2』と並行してトレーディングにおける重要ポイントのひとつひとつに質問形式で焦点を当てていく。

定価2,940円（税込）

## ゾーン～相場心理学入門
マーク・ダグラス著

本書から、マーケットで優位性を得るために欠かせない、まったく新しい次元の心理状態を習得できる。「ゾーン」の力を最大限に活用しよう。

定価2,940円（税込）

## 魔術師たちの心理学 トレードで生計を立てる秘訣と心構え
バン・K・タープ著

「秘密を公開しすぎる」との声があがった偉大なトレーダーになるための"ルール"、ここにあり!

定価2,940円（税込）

## マーケットの魔術師
ジャック・D・シュワッガー著

「本書を読まずして、投資をすることなかれ」とは世界的なトップトレーダーがみんな口をそろえて言う「投資業界での常識」。

定価2,940円（税込）

## マーケットの魔術師 株式編 増補版
ジャック・D・シュワッガー著

だれもが知りたかった「その後のウィザードたちのホントはどうなの?」に、すべて答えた『マーケットの魔術師【株式編】』増補版!

定価2,940円（税込）

## 新マーケットの魔術師
ジャック・D・シュワッガー著

17人のスーパー・トレーダーたちが洞察に富んだ示唆で、あなたの投資の手助けをしてくれることであろう。

定価2,940円（税込）

## シュワッガーのテクニカル分析
ジャック・D・シュワッガー著

あの『新マーケットの魔術師』のシュワッガーが、これから投資を始める人や投資手法を立て直したい人のために書き下ろした実践チャート入門。

定価3,045円（税込）

## ウエンスタインのテクニカル分析入門
スタン・ウエンスタイン著

ホームトレーダーとして一貫してどんなマーケットのときにも利益を上げるためにはベア相場で儲けることが不可欠!

定価2,940円（税込）

## マーケットのテクニカル秘録
チャールズ・ルボー＆デビッド・ルーカス著

プロのトレーダーが世界中のさまざまな市場で使用している、洗練されたテクニカル指標の応用法が理解できる。

定価6,090円（税込）

## デマークのチャート分析テクニック
トーマス・R・デマーク著

マーケットの転換点を的確につかむ方法 いつ仕掛け、いつ手仕舞うのか。トレンドの転換点が分かれば、勝機が見える!

定価6,090円（税込）

話題の新刊が続々登場！現代の錬金術師シリーズ

## 為替の中心ロンドンで見た。ちょっとニュースな出来事
柳基善著

ジャーナリスト嶌信彦氏も推薦の一冊。
関係者以外知ることのできない舞台裏とは如何に？

定価1,260円（税込）

## 復刻 格言で学ぶ相場の哲学
鏑木繁著

先人の残した格言は、これからを生きる投資家たちの羅針盤になるはずだ。

定価1,260円（税込）

## 私はこうして投資を学んだ
増田丞美著

実際に投資で利益を上げている著者が今現在、実際に利益を上げている考え方＆手法を大胆にも公開！

定価1,890円（税込）

## 矢口新の相場力アップドリル 株式編
矢口 新著

A社が日経225に採用されたとします。このことをきっかけに相場はどう動くと思いますか？

定価1,890円（税込）

## 矢口新の相場力アップドリル 為替編
矢口 新著

アメリカの連銀議長が金利上げを示唆したとします。
このことをきっかけに相場はどう動くと思いますか？

定価1,575円（税込）

## 潜在意識を活用した最強の投資術入門
石川臨太郎著

年収3000万円を稼ぎ出した現代の錬金術師が明かす「プラス思考＋株式投資＋不動産投資＝幸せ」の方程式とは？

定価2,940円（税込）

## 投資家から「自立する」投資家へ
山本潤著

大人気メルマガ『億の近道』理事の書き下ろし。企業の真の実力を知る技術と企業のトリックに打ち勝つ心構えを紹介！

定価5,040円（税込）

## 景気予測から始める株式投資入門
村田雅志著

UFJ総研エコノミストが書き下ろした「超」高効率のトップダウンアプローチ法を紹介！

定価3,465円（税込）

## 株式トレーダーへの「ひとこと」ヒント集
東保裕之著

『株式投資 これだけはやってはいけない』『株式投資 これだけ心得帖』の著者である東保裕之氏が株式トレーダーに贈るヒント集。

定価1,050円（税込）

## 魔術師が贈る55のメッセージ
パンローリング編

巨万の富を築いたトップトレーダーたちの"生"の言葉でつづる「座右の銘」。ままならない"今"を抜け出すためのヒント、ここにあり。

定価1,050円（税込）

● 海外ウィザードが講演したセミナー・ビデオ＆DVD（日本語字幕付き）●

## 『オズの短期売買入門』（67分）　　　　　　　　　トニー・オズ　8,190円
トレードの成功は、どこで仕掛け、どこで仕切るかがすべて。短期トレードの魔術師オズが、自らの売買を例に仕掛けと仕切りの解説。その他、どこで買い増し、売り増すのか、短期トレーダーを悩ますすべての問題に答える洞察の深いトレードアドバイス満載

## 『ターナーの短期売買入門』（80分）　　　　　　　　トニ・ターナー　9,240円
株式投資の常識（＝買い先行）を覆し、下落相場でも稼ぐことができる「空売り」と、トレーディングで最大の決断である仕切りのタイミングをを具体的な事例を示しながら奥義を解説。市場とトレーダーの心理を理解しつつ、トニ・ターナーのテクニックがここにある。

## 『魔術師たちの心理学セミナー』（67分）　　　　　　バン・K・タープ　8,190円
優秀なトレーダーとして最も大切な要素は責任能力。この責任感を認識してこそ、上のステージに進むことができる。貪欲・恐怖・高揚など、トレーディングというプロセスで発生するすべての感情を、100％コントロールする具体的な方法をタープ教授が解き明かす。

## 『魔術師たちのコーチングセミナー』（88分）　　　　アリ・キエフ　8,190円
優秀なトレーダーとは、困惑、ストレス、不安、不確実性、間違いなど、普通は避けて通りたい感情を直視できる人たちである。問題を直視する姿勢をアリ・キエフが伝授し、それによって相場に集中することを可能にし、素直に相場を「聞き取る」ことができるようになる。

## 『マーケットの魔術師 マーク・クック』（96分）　　　マーク・クック　6,090円
マーケットの魔術師で、一流のオプションデイトレーダーであるクックが、勝つためのトレーディング・プラン、相場の選び方、リスクのとり方、収益目標の立て方、自分をコントロールする方法など、13のステップであなたのためのトレードプランを完成してくれる。

## 『シュワッガーが語るマーケットの魔術師』（63分）　ジャック・D・シュワッガー　5,040円
トップトレーダーたちはなぜ短期間で何百万ドルも稼ぐことができるのか、彼らはどんな信念を持ち、どんなスタイルでトレードを行っているのか。ベストセラー『マーケットの魔術師』3部作の著者ジャック・シュワッガーが、彼らの成功の秘訣と驚くべきストーリーを公開。

## 『ジョン・マーフィーの儲かるチャート分析』（121分）　ジョン・J・マーフィー　8,190円
トレンドライン、ギャップ、移動平均……を、あなたは使いこなせていますか？ テクニカル分析の大家がトレンドのつかみ方、相場の反転の見分け方など主体に、簡単に使いやすいテクニカル分析の手法を解説。テクニカルの組み合わせで相場の読みをより確実なものにする！

## 『ジョン・ヒルのトレーディングシステム検証のススメ』（95分）　ジョン・ヒル　8,190円
トレーダーはコンピューターに何を求め、どんなシステムを選択すべきなの？『究極のトレーディングガイド』の著者ジョン・ヒルが、確実な利益が期待できるトレーディングシステムの活用・構築方法について語る。さらにトレンドやパターンの分析についても解説。

## 『クーパーの短期売買入門～ヒットエンドラン短期売買法～』（90分）　ジェフ・クーパー　8,190円
短期売買の名著『ヒットエンドラン株式売買法』の著者ジェフ・クーパーが自らが発見した爆発的な価格動向を導く仕掛けを次から次へと紹介。「価格」という相場の主を真摯に見つめた実践者のためのセミナー。成功に裏打ちされたオリジナルパターンが満載！

## 『エリオット波動～勝つための仕掛けと手仕舞い～』（119分）　ロバート・プレクター　8,190円
「5波で上昇、3波で下落」「フィボナッチ係数」から成り立つエリオット波動の伝道師プレクターによる「エリオット波動による投資術（絶対勝てる市場参入・退出のタイミング戦略）」。波動理論を使った市場の変化の時とそれを支えるテクニカル指標の見方を公開。

●パンローリング発行

● **海外ウィザードが講演したセミナー・ビデオ＆DVD（日本語字幕付き）** ●

## 『ガースタインの銘柄スクリーニング法』（84分）　マーク・ガースタイン　8,190円

株式投資を始めた際に、誰もが遭遇する疑問に対して、検討に値する銘柄の選別法から、実際の売買のタイミングまで、4つのステップにしたがって銘柄選択及び売買の極意をお伝えしましょう。高度な数学の知識も、専門的な経営判断の手法も必要ない。銘柄選択の極意をマスターして欲しい。

## 『マクミランのオプション売買入門』（96分）　　ラリー・マクミラン　8,190円

オプション取引の"教授"重鎮マクミラン氏のセミナー、初めての日本語版化。オプション取引の心得から、オプションを「センチメント指標」として使う方法、ボラティリティ取引、プット・コール・レシオ（P/C R）を売買に適用するための具体的なノウハウの数々が満載。

## 『ネルソン・フリーバーグのシステム売買検証と構築』（96分）　ネルソン・フリーバーグ　8,190円

ツヴァイクの4%モデル指標、ワイルダーのボラティリティ・システム、ペンタッドストックタイミング・モデル、市場間債券先物モデルのシステムなど、古くから検証され続け保証済みの様々なシステムを詳述。様々なシステムの検証結果と、具体的なハイリターン・ローリスクの戦略例をしめすオリジナルの売買システム、構築についても述べている。

## 『バーンスタインのパターントレード入門』（104分）　ジェイク・バーンスタイン　8,190円

簡単なことを知り、実行するだけで、必ず成功出来るやり方とはなんであろうか。それは、「市場のパターンを知ること」である。講師のジェイク・バーンスタインの説くこの季節的なパターンに従えば、市場で勝ち続けることも夢ではない。是非それを知り、実行し、大きな成功をおさめていただきたい。

## 『ネイテンバーグのオプションボラティリティ戦略』（96分）　シェルダン・ネイテンバーグ　8,190円

「トレーダーズ・ホール・オブ・フェイム」受賞者のシェルダン・ネイテンバーグ氏が皆さんに株のオプションの仕組みを解説している。重要なのは価格変動率とは何か、その役割を知り、オプションの価値を見極めること。そして市場が「間違った価値」をつけた時こそがチャンスなのだということをネイテンバーグ氏は語っている。

## 『ジョン・マーフィーの値上がる業種を探せ』（94分）　ジョン・J・マーフィー　8,190円

ジョン・マーフィーの専門であるテクニカル分析とは少し異なり、市場同士の関係とセクター循環がテーマ。また、講演の最後には「告白タイム」と称して、テクニカルとファンダメンタルズの違いや共通点についても熱く語っている。（1）市場の関係（2）セクター循環（3）ファンダメンタルズとテクニカル

## 『アラン・ファーレイの収益を拡大する（101分）　アラン・ファーレイ　8,190円
「仕掛け」と「仕切り」の法則』

スイング・トレードの巨人、アラン・ファーレイが、「仕掛け」と「仕切り」の極意を解説する。トレーディングのプロセスを確認し、有効な取引戦略を設定・遂行するためのヒントに満ちた90分だ。

## 『成功を導くトレーダー、10の鉄則』（99分）　ジョージ・クレイマン　5,040円

25年に及ぶ独自の経験とW.D.ギャンなどトレーディングのパイオニア達の足跡から、クラインマンが成功するためのルールを解説する。成功のための10則　取引過剰　懐疑心　ナンピン　資金管理　トレンド　含み益　相場に聞く　積極性　ピラミッド型ポジション　ニュースと相場展開。

## 『マーク・ラーソンのテクニカル指標』（91分）　マーク・ラーソン　5,040円

移動平均、売買高、MACDなど、テクニカル指標は使いこなすことで、トレーディングに効果をもたらす。テクニカル指標を使いこなすコツの数々を、ラーソンが解説する。

## 『マクミランのオプション戦略の落とし穴』（106分）　ラリー・マクミラン　8,190円

オプション取引の第一人者、マクミランが基本的な戦略の問題点と改善方法を分かりやすく解説したセミナー。オプション取引とは無縁のトレーダーにとっても、P/C（プット・コール）レシオ、ボラティリティー、オプションそのものを指標にして、原市場の「売り」「買い」のサインを読み取る方法などを紹介している。

●パンローリング発行

### ●他の追随を許さないパンローリング主催の相場セミナーDVDとビデオ●

## 一目均衡表の基本から実践まで　　　　　　　　　　川口一晃　3,990円（税込）

単に相場の将来を予想する観測法ではなく、売り買いの急所を明確に決定する分析法が一目均衡表の人気の秘密です。本DVDに収録されたセミナーでは、値動きの傾向から売買タイミングを測る「一目均衡表」を基本から応用、そしてケーススタディ（具体例）までを解説。

## 信用取引入門 [基礎・応用編]　　　　　　　　　　福永博之　2,800円（税込）

「買い」だけではなく、「売り」もできる信用取引。リスクが高いというイメージがあるかもしれませんが、仕組みさえ分かってしまえば、あなたの投資を力強くサポートしてくれます。

## 大化けする成長株を発掘する方法　　　　　　　　鈴木一之　5,040円（税込）

全米で100万部超のウルトラ大ベストセラーとなり、今もロングセラーを爆走している『オニールの成長株発掘法』から、大化けする成長株を発掘！本当は人には教えたくない投資法だ。

## 売買システム構築入門　　　　　　　　　　　　　野村光紀　3,990円（税込）

マイクロソフトエクセルを触ったことのある方なら誰でも、少し手を加えるだけで売買システムを作れる。エクセル入門書には相場への応用例が無いとお嘆きの方に最適なDVDとビデオ。エクセル入門／チャートギャラリーの紹介／自分専用の売買システムを作る／毎日の仕事の自動化！

## ディナポリレベルで相場のターニングポイントをがっちりゲット！　　　　ジョー・ディナポリ　5,040円（税込）

ジョー・ディナポリが株式、先物、為替市場、世界のどの市場でも通用する戦術を公開する！
※本製品は日本語吹き替え版のみとなります。

## 伝説の冒険投資家
## ジム・ロジャーズ 投資で儲ける秘訣　　　　　ジム・ロジャーズ　3,990円（税込）

各国の長期的な経済成長を読み、自らの投資に活かす「冒険投資家」は、いま、日本をどう見ているのか？自ら体験した経験と知識を日本の皆様へ贈ります。

## カリスマ投資家一問一答　　　山本有花, 東保裕之, 足立眞一, 増田丞美　1,890円（税込）

相場の良し悪しに関わらず、儲けを出している人は、どうやって利益を上げられるようになったのか？どうやってその投資スタイルを身につけたのか？投資で成功するまでにやるべきことが分かります。

## 短期テクニカル売買セミナー　増田正美のMM法 <上級者編>　増田正美　21,000円（税込）

統計学的に偏差値を求めるツール「ボリンジャーバンド」、相場の強弱を表す指標「RSI」、株価変動の加速度をあらわす指標「DMI」、短期相場の強弱を表す指標「MACD」。難しい数学的な理論は知る必要なく、実際の売買において、その指標の意味と利益を上げるために、これら4つの指標をどうやって使うのかということを講師の経験を元に解説。

## 短期売買の魅力とトレード戦略　-感謝祭2004-　　柳谷雅之　3,990円（税込）

日本株を対象にしたお馴染 OOPS の改良、優位性を得るためのスクリーニング条件、利益の出し方（勝率と損益率、様々な売買スタイルとその特徴）基礎戦略（TDトラップ、改良版 OOPS）応用戦略（スクリーニング、マネーマネージメント）を個人投資家の立場から詳細に解説。

## 一目均衡表入門セミナー　　　　　　　　　細田哲生, 川口一晃　5,040円（税込）

単に相場の将来を予想する観測法ではなく売り買いの急所を明確に決定する分析法が一目均衡表の人気の秘密です。その名の由来通り、相場の状況を"一目"で判断できることが特徴です。本DVDでは、一目均衡表の計算方法からケーススタディ（具体例）まで具体的な使用法を学んでいただきます。

●パンローリング発行

# 道具にこだわりを。

よいレシピとよい材料だけでよい料理は生まれません。
一流の料理人は、一流の技術と、それを助ける一流の道具を持っているものです。
成功しているトレーダーに選ばれ、鍛えられたチャートギャラリーだからこそ、
あなたの売買技術がさらに引き立ちます。

# Chart Gallery 3.0 for Windows
## Established Methods for Every Speculation

**パンローリング相場アプリケーション**

**チャートギャラリープロ 3.0**　定価 **84,000円**（本体80,000円＋税5％）
**チャートギャラリー 3.0**　　　定価 **29,400円**（本体28,000円＋税5％）

[商品紹介ページ] http://www.panrolling.com/pansoft/chtgal/

RSIなど、指標をいくつでも、何段でも重ね書きできます。移動平均の日数などパラメタも自由に変更できます。一度作ったチャートはファイルにいくつでも保存できますので、毎日すばやくチャートを表示できます。
日々のデータは無料配信しています。ボタンを2、3押すだけの簡単操作で、わずか3分以内でデータを更新。過去データも豊富に収録。
プロ版では、柔軟な銘柄検索などさらに強力な機能を塔載。ほかの投資家の一歩先を行く売買環境を実現できます。

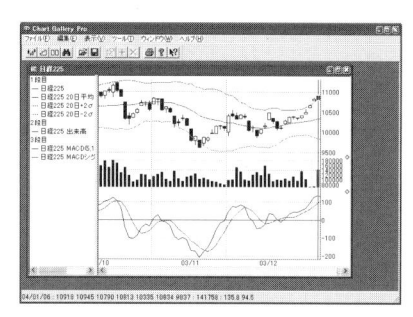

**お問合わせ・お申し込みは**

**Pan Rolling　パンローリング株式会社**

〒160-0023　東京都新宿区西新宿7-21-3-1001　TEL.03-5386-7391　FAX.03-5386-7393
E-Mail info@panrolling.com　ホームページ http://www.panrolling.com/

# がんばる投資家の強い味方。
# 24時間オープンの投資専門店です。

パンローリングの通販サイト「トレーダーズショップ」は、個人投資家のためのお役立ちサイト。書籍やビデオ、道具、セミナーなど、投資に役立つものがなんでも揃うコンビニエンスストアです。街の本屋さんにない商品がいっぱい。さあ、成功のためにがんばる投資家は、いますぐアクセスしよう。

## いますぐトレーダーズショップにアクセスしてみよう！

**1** インターネットに接続してhttp://www.tradersshop.com/にアクセスします。インターネットだから、24時間どこからでもOKです。

**2** トップページが表示されます。画面の左側に便利な検索機能があります。タイトルはもちろん、キーワードや商品番号など、探している商品の手がかりがあれば、簡単に見つけることができます。

**3** ほしい商品が見つかったら、お買い物かごに入れます。お買い物かごにほしい品物をすべて入れ終わったら、一覧表の下にあるお会計を押します。

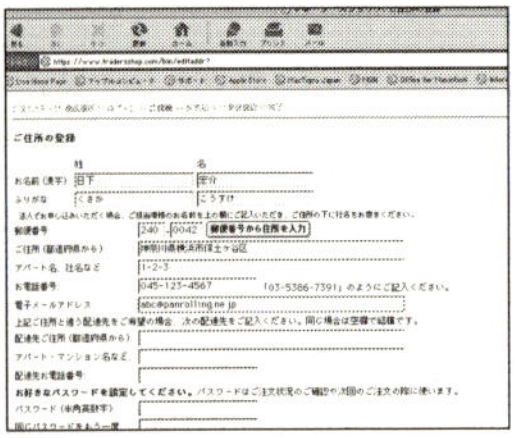

**4** はじめてのお客さまは、配達先等を入力します。お支払い方法を入力して内容を確認後、ご注文を送信を押して完了（次回以降の注文はもっとカンタン。最短2クリックで注文が完了します）。送料はご注文1回につき、何点でも全国一律250円です（1回の注文が2800円以上なら無料！）。また、代引手数料も無料となっています。

**5** あとは宅配便にて、あなたのお手元に商品が届きます。
そのほかにもトレーダーズショップには、投資業界の有名人による「私のオススメの一冊」コーナーや読者による書評など、投資に役立つ情報が満載です。さらに、投資に役立つ楽しいメールマガジンも無料で登録できます。ごゆっくりお楽しみください。

24h OPEN

# http://www.tradersshop.com/

投資に役立つメールマガジンも無料で登録できます。
http://www.tradersshop.com/back/mailmag/

お問い合わせは

**PanRolling** パンローリング株式会社
〒160-0023　東京都新宿区西新宿 7-21-3-1001　TEL.03-5386-7791　FAX.03-5386-7393
http://www.panrolling.com/　　E-Mail　info@panrolling.com